日本語能力試験対策問題集

JLPT 聴解 N2
ポイント & プラクティス

大木理恵・中村則子・田代ひとみ・初鹿野阿れ　著

Listening
听力
Nghe hiểu

スリーエーネットワーク

Published by 3A Corporation.
Trusty Kojimachi Bldg., 2F, 4, Kojimachi 3-Chome, Chiyoda-ku, Tokyo 102-0083, Japan

ISBN978-4-88319-938-9 C0081

First published 2024
Printed in Japan

はじめに

「JLPT ポイント&プラクティス」シリーズ

　日本語能力試験（Japanese-Language Proficiency Test）は、日本語を母語としない人の日本語能力を測定し認定する試験です。日本語の能力を証明する手段として、進学・就職・昇給昇格・資格認定など様々な場面で活用されており、日本語能力試験合格は多くの学習者の目標になっています。

　日本語能力試験は 2010 年に、受験者やその目的の多様化、活用の場の広がりなどを受けて、「課題遂行のための言語コミュニケーション能力」を測る試験として内容が大きく変わりました。しかし、膨大な言語知識を学び、その運用力を高めることは簡単ではありません。中でも非漢字圏の出身者や、勉強時間の確保が難しい人にとっては、合格までの道のりは非常に困難なものであることが少なくありません。

　本シリーズは、受験者の皆さんが、試験に必要な最低限の力を短期間で身につけ、合格に近づけるよう考えられた対策問題集です。厳選された学習項目について問題を解きながら理解を深め、力をつけることを目指します。

本書では、N2 レベルの「聴解」を学びます。

本書の特長

> ①実際の試験と同じ形式の問題をしっかり練習できる。
>
> ②解説が充実しており、独習もできる。
>
> ③試験に出そうな基本項目がリストとしてまとめられており、効率的に学べる。

　聞き取りが苦手だという学習者の声をよく聞きます。話を聞いていてわからないところがあっても、音声は消えてしまい、その場で確認するのがむずかしいことも一因だと思われます。本書では、聴解の力を養うために、「習うより慣れろ」の精神で、初めから実際の日本語能力試験と同じ形式の問題を解いていきます。問題を解きながら、聞き取りに大切な項目を翻訳つきの解説とリストによって効率的に学べます。また、イラストや表を用いて視覚的にも楽しく学べるように工夫しました。本書が日本語能力試験の勉強に役立ち、さらに生活、仕事をする際の助けになることを心から願っています。

2024 年 1 月　著者

目次
もく じ

日本語能力試験 N2「聴解」の紹介

● 試験のレベル　初級　N5　N4　N3　**N2**　N1　上級

日本語能力試験は、N5〜N1の5レベルです。

N2は、「日常的な場面で使われる日本語の理解に加え、より幅広い場面で使われる日本語をある程度理解することができる」かどうかを測ります。

● N2の試験科目と試験時間

科目	言語知識（文字・語彙・文法）・読解	聴解
時間	105分	50分

● N2の「聴解」問題

	大問	小問数	ねらい
1	課題理解	5	まとまりのあるテキストを聞いて、内容が理解できるかどうかを問う（具体的な課題解決に必要な情報を聞き取り、次に何をするのが適当か理解できるかを問う）
2	ポイント理解	6	まとまりのあるテキストを聞いて、内容が理解できるかどうかを問う（事前に示されている聞くべきことをふまえ、ポイントを絞って聞くことができるかを問う）
3	概要理解	5	まとまりのあるテキストを聞いて、内容が理解できるかどうかを問う（テキスト全体から話者の意図や主張などが理解できるかを問う）
4	即時応答	12	質問などの短い発話を聞いて、適切な応答が選択できるかを問う
5	統合理解	4	長めのテキストを聞いて、複数の情報を比較・統合しながら、内容が理解できるかを問う

　「小問数」は毎回の試験で出題される小問数の目安で、実際の試験での出題数は多少異なる場合があります。また、「小問数」は変更される場合があります。

● N2 の得点区分と合否判定

得点区分	得点の範囲	基準点	合格点／総合得点
言語知識（文字・語彙・文法）	0 ～ 60 点	19 点	90 点／180 点
読解	0 ～ 60 点	19 点	
聴解	0 ～ 60 点	19 点	

　総合得点は 180 点で、90 点以上で合格です。ただし、「言語知識（文字・語彙・文法）」「読解」「聴解」の 3 つの得点区分でそれぞれ 19 点以上必要です。総合得点が 90 点以上でも、各得点区分で 1 つでも 18 点以下があると不合格です。

日本語能力試験公式ウェブサイト（https://www.jlpt.jp/）より抜粋

　詳しい試験の情報は、日本語能力試験公式ウェブサイトでご確認ください。

この本をお使いになる方へ

1. 目的

聴解問題のポイントを理解し、試験合格に必要な最低限の力を身につける。

2. 構成

①本冊

●問題パート

問題形式の説明と例題

本試験の5つの問題形式を初めて学ぶ回は、その問題形式についての説明があり、問題を解く流れ、状況説明文と質問文の例、聞き方のポイントが書いてあります。そのあとに、例題、解答、解説、スクリプトがあります。

練習問題

それぞれの問題形式に対応した練習問題があります。

●模擬試験

実際の試験と同じ形式の問題です。どのぐらい力がついたか、確認できます。

●リストパート

リストは、「あいさつ」「依頼する」「許可を求める」など、試験によく出題される表現を例文とともにまとめたものです。また、N2はN3までと比べスクリプトが長くなります。そのため「実際には起きなかったことを表す表現」や「複雑な言い方」など、内容理解の手がかりとなる表現もまとめました。さらに、「腕試し」という簡単な聞き取り問題をつけた項目もあります。例題や練習問題のスクリプトに、該当するリストの番号とタイトルが示されています。

②別冊

●スクリプトと解答・解説

正答とその解説だけでなく、誤答にも解説をつけたものもあります。解説は翻訳がついています。

③音声

当社 web サイトで音声を聞くことができます。

https://www.3anet.co.jp/np/books/3882/

3. 凡例

🔊 トラック番号

スクリプト中の下線＿＿＿＿＿：リスト参照
　　　　　　　6. 依頼
　　　　　　〜〜〜〜〜〜：「3. 話しことば (p.63)」参照

4. 表記

　基本的に常用漢字表（2010 年 11 月）にあるものは漢字表記にしました。ただし、著者らの判断でひらがな表記のほうがいいと思われるものは例外としてひらがな表記にしてあります。本冊、別冊ともに漢字にはすべてふりがなをつけました。

5. 独習の進め方

　日本語能力試験 N2 の聴解問題には、5 つの問題形式（課題理解、ポイント理解、概要理解、即時応答、統合理解）があります。1 回目から順に進めてください。例えば 1 回目では最初に、課題理解の流れ、ポイントが解説されているので、それを理解したあとで、例題をやってみましょう。そして、例題をやったら、答えと解説を読んで、自分がなぜ間違えたか、理解が足りなかったところはどこか、確かめてください。それから、リストを見て、似たような表現、間違えやすい表現などを確認してください。その後、練習問題をやります。練習問題も例題と同じように答え合わせをしてください。

　クラスで学習する場合は、45 分で 1 回が勉強できるようにしてあります。しかし、一人で勉強する場合は自分のペースで進めてください。1 回に勉強する時間は短くてもいいですが、毎日続けることが大切です。問題をやっている時は、絶対にスクリプトを見ないでください。答えを確かめたあとで、自分の理解を深めるために、スクリプトを読んで確認してください。

For users of this book

1. Purpose

To understand the points of the listening comprehension questions, and acquire the minimum ability needed to pass the test.

2. Structure

① Main textbook

● Questions part

Explanations of the types of questions and examples

There are five types of questions in the actual test. In this textbook, the first time the student learns each type of question, there are explanations about the type of question as well as the process for solving the question, the examples of questions and sentences that explain situations and points for listening. After that, there are example questions, answers, comments and a script.

Practice Questions

There are practice questions for each type of question.

● Mock Test

This test is made in the same format as the actual test. Students can check how much ability they have gained.

● List part

The list is a collection of expressions that are commonly used in the test, such as "Greetings", "Making a request" and "Asking permission." In addition, N2 has longer scripts than the levels up to N3. Therefore, this textbook also includes lists of expressions that give you clues to understanding the content, such as "expressions for things that have not actually happened" and "more complicated ways of saying things." There is also a category called "Udedameshi (Check Your Ability)" with simple listening questions. The scripts of sample questions and practice questions are annotated with the relevant list numbers and titles.

② Annex

● Scripts, answers, and explanations

Not only correct answers and comments, but also comments on incorrect answers can be found. The explanations are translated.

③ Sound

The audio portions can be heard through our company's web site at
https://www.3anet.co.jp/np/books/3882/

3. Explanatory notes

🔊 Track number

Underlined in the script _____ : See the relevant list

6. 依頼

~~~~~~~~~~ : See 3. Colloquial language (p. 63)

4. Orthography

In general, kanji designated (in November 2010) for daily use (Joyo kanji) are used. Occasionally, however, some words chosen by the authors are written in hiragana. All kanji in the main text, as well as in the annex, have furigana printed over the kanji.

5. Promoting self-study

In the listening part of the N2 Japanese Language Proficiency Test, there are 5 types of questions: task-based comprehension, comprehension of key points, comprehension of general outline, quick response, and integrated comprehension. Please start from the first lesson. In the first lesson, for example, the flow and listening points of task-based comprehension questions are explained, so once you have understood them, the example exercise should be tried. Then once the example exercises have been done, read the answers and comments, check why you made mistakes, and check which things you do not understand yet. Next, please look at the list to check similar expressions and expressions that are easy to mistake. Then please move on to the practice questions and check your answers in the same way as you did for the example exercise.

For learning in a classroom, each section is designed to be studied for 45 minutes; however in the case of studying by yourself, please study at your own pace. It is fine to study for short amounts of time, but it is important that you continue to study every day. When answering the questions, please do not look at the scripts. After having checked your answers, read the scripts to deepen your own understanding.

致本书使用者

1. 编写目的

理解听力考试的答题要点，具备通过考试所需的最低限度的能力。

2. 内容结构

①本册

●试题篇

题型讲解和例题

在首次介绍正式考试中五道大题题型的课里，内容包括题型讲解、答题步骤、对话情景说明和提问句示例、听力考试的答题要点。后面附有例题、答案、解析和听力原文。

练习题

本书第 1 课到第 15 课设置的练习题分别对应五道大题的各种题型。

●模拟题

模拟题与正式考试题型完全相同，学习者可以检测一下自己的能力水平。

●知识点列表篇

知识点列表中汇总了考试中的高频考点，如"打招呼语""请求""征求许可"等，都附有例句。另外，与 N3 以下的级别相比，N2 听力原文篇幅更长了。因此整理了"叙述实际并未发生的事情的表达方式""复杂的说法"等可以作为理解听力内容线索的表达方式。再次，有的项目设置了"腕試し（能力测试）"，附有简单的听解练习题。在例题以及练习题的听力原文中标记了对应的知识点列表的序号和标题。

②别册

●听力原文和答案·解析

不仅有正确答案和解析，还对部分错误的选项给出了解析。解析附有译文。

③音频文件

可以在本社官网直接收听相关音频文件。

https://www.3anet.co.jp/np/books/3882/

3. 范例

🔊 音频文件序号

听力原文中的下画线 _____ ：参看知识点列表
               6. 依赖

              ～～～～～ ：参看 3. 口语（p.63）

4. 书写规则

本书基本上在常用汉字列表（2010 年 11 月版）范围内的汉字都用汉字书写。但是作为例外情况，作者认为应该用平假名书写的地方是用平假名书写的。本册和别册的所有汉字都标注了读音假名。

5. 自学学习方法

日语能力考试 N2 级听力考试中有五种题型（问题理解、重点理解、概要理解、即时应答、综合理解）。请从第一课开始按顺序学习。例如第一课首先讲解了问题理解题的答题步骤和要点，理解了这些内容之后再来做例题。做完例题后阅读答案和解析，反思自己为什么做错了，哪些地方理解得还不够到位。然后，阅读知识点列表，确认相似的、容易用错的表达方式等。完成上述学习之后再来做练习题，按照和做例题时相同的步骤核对答案。

如果学习者是在学校学习，45 分钟可以完成一次课的内容。但是自学者请按照自己的节奏推进学习，每次学习时间短也没关系，重要的是每天坚持。答题时请一定不要看听力原文。请核对完答案之后再阅读听力原文，这样可以加深自己对听力内容的理解。

Dành cho người dùng sách này

1. Mục đích

Hiểu được điểm chính yếu của câu hỏi Nghe hiểu và đạt được năng lực tối thiểu cần thiết để thi đậu.

2. Cấu trúc

① Sách chính

● Phần câu hỏi

Giải thích dạng thức câu hỏi và bài mẫu

Ở lần học đầu tiên từng dạng thức trong 5 dạng câu hỏi của kỳ thi JLPT, sách sẽ có phần giải thích về dạng câu hỏi đó, đi kèm với trình tự giải đề, các mẫu câu hỏi và câu giới thiệu tình huống, các điểm chính của cách nghe. Tiếp theo là bài mẫu, đáp án, giải thích đáp án và văn bản phần nghe.

Bài tập

Có bài tập tương ứng với từng dạng câu hỏi.

● Bài thi thử

Là đề thi có cùng dạng thức với bài thi thật. Người học có thể kiểm tra mức độ năng lực mình đã đạt được.

● Phần danh mục

Phần danh mục tổng hợp các mẫu diễn đạt thường xuất hiện trong đề thi như "Chào hỏi", "Nhờ vả", "Hỏi xin phép" đi kèm với câu ví dụ. Thêm vào đó, văn bản phần nghe của N2 dài hơn so với từ N3 trở xuống. Vậy nên chúng tôi cũng tổng hợp những mẫu diễn đạt giúp bạn hiểu nội dung như "mẫu diễn đạt chỉ việc đã không xảy ra trong thực tế" hay "cách nói phức tạp" v.v. Ngoài ra còn có mục "Udedameshi (Thử năng lực)" với các câu hỏi nghe hiểu đơn giản. Số thứ tự và tiêu đề trong danh mục đều được hiển thị trong văn bản phần nghe của bài mẫu và bài tập luyện tập.

② Phụ lục

● Văn bản nghe và đáp án, giải thích đáp án

Sách không chỉ có câu trả lời đúng kèm giải thích mà còn có cả phần giải thích câu trả lời sai. Có bản dịch cho phần giải thích đáp án.

③ Âm thanh

Người học có thể nghe trên trang web của nhà xuất bản.

https://www.3anet.co.jp/np/books/3882/

3. Chú thích

🔊 Số track

Gạch dưới trong văn bản phần nghe _____ : Tham khảo danh mục

<u>6. 依頼</u>

〜〜〜〜〜〜〜 : Tham khảo "3. Văn nói (tr.63)"

4. Ký tự

Về cơ bản, chúng tôi ghi những chữ có trong bảng Hán tự thông dụng (11/2010) bằng Hán tự. Tuy nhiên, những chỗ nhóm tác giả cho rằng ghi bằng Hiragana dễ hiểu hơn thì được xem như ngoại lệ và thể hiện bằng Hiragana. Các Hán tự trong sách chính lẫn Phụ lục đều được phiên âm.

5. Cách tự học

Đề Nghe hiểu của bài thi Năng lực Nhật ngữ N2 có 5 dạng câu hỏi (Hiểu yêu cầu câu hỏi, Hiểu điểm chính, Hiểu khái quát, Đối đáp tức thời, Hiểu tích hợp). Hãy học theo thứ tự, bắt đầu từ Lần 1. Ví dụ trong phần đầu tiên của Lần 1, sách sẽ giải thích về trọng tâm và trình tự của dạng Hiểu yêu cầu câu hỏi nên sau khi đã nắm vững phần đó hãy bắt tay vào làm bài tập mẫu. Khi làm xong bài mẫu, hãy đọc phần đáp án và giải thích để xác định tại sao mình sai và chỗ nào mình chưa hiểu rõ. Sau đó, hãy xem phần danh mục và kiểm tra lại các mẫu diễn đạt tương tự nhau hoặc dễ nhầm lẫn v.v. Sau đó làm bài luyện tập. Kiểm tra đáp án sau khi làm bài luyện tập, giống như với bài tập mẫu.

Mỗi bài trong sách này được thiết kế để học trong 45 phút với trường hợp học ở lớp. Tuy nhiên, nếu học một mình thì người học có thể thực hiện tùy theo nhịp độ của bản thân. Thời gian học mỗi lần có thể ngắn cũng không sao, điều quan trọng là duy trì học mỗi ngày. Khi giải bài thì tuyệt đối không được xem văn bản phần nghe. Chỉ sau khi đã biết đáp án thì mới được đọc văn bản để xác nhận lại nhằm hiểu sâu hơn.

この本をお使いになる先生へ

1. 教室授業の進め方、学習時間

　この本は各回を45分程度で進められるように構成しました。以下のように進めていくことを想定していますが、学習者の学習速度や理解度に合わせて調整してください。

●クラス授業の場合、別冊の解答は予め教師が集めて、預かっておくやり方もあります。学習者が自分で考える前にスクリプトや答えを見てしまうことが避けられます。

●1、2、3、5、7、9回目の冒頭では、問題形式について説明しています。「各問題形式の流れ」と「聞き方のポイント」で、各形式の特徴を理解し、どのように聞いたらいいかを確認します。次に例題で、確認したポイントを意識しつつ聞き取る練習をします。まず1回音声を聞きながら、学習者に答えを書かせます。次に答え合わせをしますが、クラスの状況によってはもう一度聞いて、そのあとに答え合わせをします。解答には正答・誤答の解説があります。なぜ間違えたのかを学習者に考えさせるために利用してください。また、スクリプトには、参照すべき「リスト」の番号とタイトルが書かれています。「リスト」では関連した表現・文型も学ぶことができます。時間がない場合、「リスト」は該当箇所を示して自宅学習とします。時間に余裕があれば、最後に確認のためにもう一度音声を聞きます。

●練習問題のうち課題理解、ポイント理解、概要理解、統合理解は会話が長いので、1回聞いて答え合わせをして、確認のためもう一度聞きます。即時応答の練習は1回聞いて、答え合わせをし、次の問題に移るという流れで進めます。例題と同様、スクリプトには「リスト」の参照先があるので、利用してください。

●全15回のあとには模試があります。本試験と同じ時間で行います。実際の試験に合格するためには、全問正解する必要はありません。自分が間違えやすい問題形式や、間違えた理由を確認させましょう。

2. 教える時のポイント

●問題によって聞き方を変える必要があるので、各問題形式の説明に書かれている特徴を学習者によく説明し、問題を解く際に思い出させてください。

●リストを使えば、既習の学習内容を聴解に結びつけることができ、学習者の頭の整理にも役に立ちます。また、簡単な聞き取り問題「腕試し」が用意されている項目もありますので、わかったかどうか音声を聞かせて確認してください。

●リストの項目を確認したあとで、学習者にそれを使った会話を作らせると、授業が活性化します。

●実際の試験は音声を1回しか聞けませんので、学習者が「わからない」と言っても、答えを書く前の聞き返しは1回にとどめたほうがいいです。

●答え合わせで音声を聞き直す時は、解答に関わる箇所で止めて、なぜそのような答えになるのか確認します。途中で音声を止めながら聞くと、理解しやすくなります。

●授業の終わりにスクリプトを見せ、各自が聞き取れなかった語彙や表現をチェックさせ、覚えるように言いましょう。また、次の授業で、クイズ形式でスクリプトの穴埋め問題、ディクテーションなどをすることも効果的です。

このシリーズでは、学習に合わせて、忍者と一緒に日本各地を旅します。「文法」「文字・語彙」「読解」「聴解」を合わせて学習することで、日本一周ができます。

「聴解」では「北海道・東北地方」を旅します。

In this series, you will travel around Japan with a ninja as you learn. You can go around Japan as you study "grammar," "vocabulary," "reading" and "listening."

With the "listening," you will travel to Hokkaido and the Tohoku region.

在本系列丛书，伴随着学习，大家和忍者一起到日本各地旅行。学完"语法""文字・词汇""阅读""听力"可以游遍全日本。

在"听力"单册到"北海道・东北地区"旅行。

Trong bộ sách này, bạn sẽ được cùng ninja đi du lịch các nơi trên nước Nhật tương ứng với việc học của mình. Bằng việc học đủ "Ngữ pháp", "Từ vựng", "Đọc hiểu", "Nghe hiểu", bạn sẽ được đi vòng quanh Nhật Bản.

Trong sách "Nghe hiểu", bạn sẽ chu du "khu vực Hokkaido và Tohoku".

問題パート

Questions part
试题篇
Phần câu hỏi

1回目

課題理解　練習 課題理解
かだいりかい　れんしゅう　かだいりかい

Task-based comprehension │Practice│ Task-based comprehension
問題理解 │練习题│ 问题理解
Hiểu yêu cầu câu hỏi │Luyện tập│ Hiểu yêu cầu câu hỏi

Ⅰ. 課題理解の流れ　　実際の試験の問題Ⅰ
かだいりかい　なが　　じっさい　しけん　もんだい

状況説明文と質問文を聞く →
じょうきょうせつめいぶん　しつもんぶん　き

話を聞く → もう一度質問文を聞く →
はなし　き　　　　　いちど　しつもんぶん　き

問題用紙に書かれた選択肢から答えを選ぶ
もんだいようし　か　　せんたくし　こた　えら

何をしなければ
なに
ならない？

Listen to the question and sentences that explain the situation. → Listen to the conversation. → Listen to the question again. → Choose the answer from the choices written on the question sheet.

听对话情景说明和提问句 → 听对话 → 再听一遍提问句 → 从试卷上的选项中选出正确答案

Nghe câu giới thiệu tình huống và câu hỏi → Nghe cuộc nói chuyện → Nghe lại câu hỏi → Chọn câu trả lời trong số các lựa chọn in trên đề

状況説明文　例	質問文　例
電話で男の人と女の人が話しています。	女の人はこのあとまず何をしなければなりませんか。
女の人と男の人が話しています。	女の人は資料のどこを直さなければなりませんか。

2. 聞き方のポイント
き　かた

①「何をしなければならないか」
なに
に気をつけて聞こう。「～てく
き　き
れない？」「～てほしい」「～て
いただけますか」など依頼表現
いらいひょうげん
に注意。
ちゅうい
リスト「6. 依頼する」p.71
いらい

②選択肢は話を聞く前にざっと
せんたくし　はなし　き　まえ
読もう。
よ

③メモが大切。時間、持ってい
たいせつ　じかん　も
く物など、メモしよう。問題に
もの　もんだい
絵がある時は、絵にメモすると
え　とき　え
わかりやすいよ。

④「まず何をしなければな
なに
らないか」という問題は、
もんだい
「最初に」しなければなら
さいしょ
ないことに注意。
ちゅうい
リスト「5. 順番」p.70
じゅんばん

選択肢　choices ／选项／ lựa chọn　　ざっと読む　skim ／大致看／ đọc lướt
せんたくし　　　　　　　　　　　　　　　　　　　　よ

3. 例題 🔊1

　この問題では、まず質問を聞いてください。それから話を聞いて、問題用紙の1から4の中から、最もよいものを一つ選んでください。

1　窓を閉める
2　ご飯を買ってくる
3　近所を探す
4　ご飯を窓のそばに置く

正解　3

女の人は男の人に「すぐに近所探してきてよ」と依頼した。「そっちもお願いね」の「そっち」は、男の人が近所を探すこと。
1　窓を閉めなければならなかったのは、この二人が出かける前。
2　ご飯は、もう買ってきた。
4　ご飯を窓のところに置くのは女の人。

The woman asks the man to "すぐに近所探してきてよ (search the neighborhood immediately)." The "そっち" of "そっちもお願いね" refers to the man searching the neighborhood.
1　The window should have been closed before the two went out.
2　They have already bought the food.
4　It is the woman who will put the food at the window.

女子拜托男子"すぐに近所探してきてよ（赶紧去附近找一下）"。"そっちもお願いね"中的"そっち"指的是男子在附近寻找。
1　必须关窗户是两个人出门前要做的事。
2　猫食已经买回来了。
4　把猫食放到窗边的是女子。

Người nữ đã nhờ người nam "すぐに近所探してきてよ (đi tìm trong khu vực gần đây ngay đi)". "そっち" trong "そっちもお願いね" là việc người nam đi tìm ở khu vực gần đó.
1　Việc phải đóng cửa sổ là chuyện trước khi hai người này ra ngoài.
2　Đã mua cơm về rồi.
4　Người sẽ đặt cơm cạnh cửa sổ là người nữ.

スクリプト

^{いえ}家で^{おとこ}男の^{ひと}人と^{おんな}女の^{ひと}人が^{はな}話しています。^{おとこ}男の^{ひと}人はこのあとまず^{なに}何をしますか。

^{おんな}女・^{おとこ}男：ただいまー。

^{おんな}女：シロちゃん、ミーちゃん。お^{みやげ}土産だよー。おいしいご飯、^か買ってきたよー。

^{おとこ}男：おー、シロ、いい子にしてたか。あれ？　ミーちゃんどこ^い行った？

^{おんな}女：あ！　^{まど あ}窓開いてる。でかける^{とき}時、^し閉めてって^い言ったじゃない。どうしよう。
　　　　　　　　　　　　　　　　　　　　　　　　　　　4. イント(2)b

^{おとこ}男：^{さんぽ}散歩だよ、きっと。すぐ^{もど}戻ってくるよ。なあシロ。

^{おんな}女：のんきなこと^い言ってないで、すぐに^{きんじょさが}近所探してきてよ。
　　　　　　　　　　　　　　　　　　　　　　6. 依頼

^{おとこ}男：わかった。わかった。でも、おいしいご^{はん}飯を^{まど}窓のところに^お置いといたら、^{もど}戻ってくる

　　　んじゃない？
　　　11. 意見　4. イント(1)

^{おんな}女：そうかなあ。じゃ、やってみるけど……。そっちもお^{ねが}願いね。

^{おとこ}男の^{ひと}人はこのあとまず^{なに}何をしますか。

4

練習

■課題理解 🔊2

　この問題では、まず質問を聞いてください。それから話を聞いて、問題用紙の1から4の中から、最もよいものを一つ選んでください。

1番 🔊3

1　会議室に書類を持っていく
2　書類を印刷する
3　書類をメールで送る
4　パスワードをさがす

2番 🔊4

1　営業部の人に連絡する
2　書類を部長に渡す
3　書類を印刷する
4　弁当屋に電話する

3番 🔊5

1　10時30分
2　11時
3　11時20分
4　11時30分

2 回目 即時応答 | 練習 | 即時応答・課題理解
そくじおうとう　れんしゅう　そくじおうとう　かだいりかい

Quick response | Practice | Quick response/Task-based comprehension
即时应答 | 练习题 | 即时应答／问题理解
Đối đáp tức thời | Luyện tập | Đối đáp tức thời / Hiểu yêu cầu câu hỏi

1. 即時応答の流れ　　実際の試験の問題4
そくじおうとう　なが　　じっさい　しけん　もんだい

短い文を聞く → 三つの選択肢を聞く →
答えを選ぶ

（実際の試験の問題用紙には
何も書かれていない）

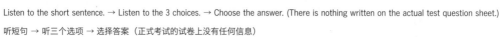

いい返事を考えよう！

Listen to the short sentence. → Listen to the 3 choices. → Choose the answer. (There is nothing written on the actual test question sheet.)

听短句 → 听三个选项 → 选择答案（正式考试的试卷上没有任何信息）

Nghe một câu ngắn → Nghe 3 lựa chọn → Chọn câu trả lời (Trên đề thi thực tế không in gì)

短い文　例
今日、残って仕事してもらえない？
今朝のニュース、ご覧になりましたか。
部長、A社でのプレゼン、うまくいきました。

2. 聞き方のポイント
き　かた

①短い文は「依頼」や「質問」
や「報告」などだよ。それに合
う返事を考えよう。

②間接的な言い方に気をつけよう。
例　A：この部屋、寒いですね。
　　B：（返事）
Aは部屋が寒いから、暖かくして
ほしいと思っているんだ。それに
合うBの返事を選ぼう。

③敬語か友達ことばかに注意し
よう。
だれがだれに話しているのか、
二人の関係に注意しよう。

④「あいさつ」など決まった言
い方を覚えよう。
リスト「あいさつ／決まった表
現」p.56

報告　report ／告知事情／ báo cáo　　間接的な言い方　indirect way of saying ／婉转的说法／ cách nói gián tiếp
ほうこく　　　　　　　　　　　　　　　　かんせつてき　い　かた

決まった言い方　a set phrase ／固定说法／ cách nói cố định
き　　　い　かた

3．例題 🔊6

　この問題では、問題用紙に何もいんさつされていません。まず文を聞いてください。それから、それに対する返事を聞いて、1から3の中から、最もよいものを一つ選んでください。

1	2	3

正解　1

　「〜しちゃった」は、「〜してしまった」の話しことば。男の人は、パクさんがもう帰国したという情報を伝えている。1は女の人が、その情報を男の人から聞いて、初めて知ったということを表している。2、3はパクさんが帰国したあとで言う文としては合わない。3の「送別会しないと」は、「送別会をしなくてはいけない」という意味。

"〜しちゃった" is a colloquial form of "〜してしまった." The man says that Pak-san has already gone back to his country. The correct answer is Answer 1, which indicates that the woman just heard this information from him for the first time. Answer 2 and 3 are incorrect because they cannot be said after Pak-san has gone back home. "送別会しないと" in Answer 3 is another way of saying "送別会をしなくてはいけない."

"〜しちゃった" 是 "〜してしまった" 的口语。男子正在传达的信息是小朴已经回国了。1表示女子从男子那里听说了这个信息之后才知道。小朴已经回国了，2、3都不合适。3的"送別会しないと"意思是 "送別会をしなくてはいけない"。

"〜しちゃった" là văn nói của "〜してしまった". Người nam đang truyền đạt thông tin Park đã về nước. Lựa chọn 1 thể hiện rằng người nữ nghe từ người nam nên mới biết thông tin đó. Lựa chọn 2・3 không thích hợp làm câu để nói sau khi Park đã về nước rồi. "送別会しないと" trong lựa chọn 3 nghĩa là "送別会をしなくてはいけない".

スクリプト

男：パクさん、帰国しちゃったんだって。

女：1　ぜんぜん知らなかった。

　　2　いつ出発する予定なの？

　　3　じゃ、送別会しないと。

練習

■即時応答　🔊7

　この問題では、問題用紙に何もいんさつされていません。まず文を聞いてください。それから、それに対する返事を聞いて、1から3の中から、最もよいものを一つ選んでください。

1番　🔊8

| 1 | 2 | 3 |

2番　🔊9

| 1 | 2 | 3 |

3番　🔊10

| 1 | 2 | 3 |

4番　🔊11

| 1 | 2 | 3 |

■課題理解 　🔊12

　この問題では、まず質問を聞いてください。それから話を聞いて、問題用紙の1から4の中から、最もよいものを一つ選んでください。

5番 　🔊13

1　鍵を回す　→　※　→　暗証番号　→　#

2　鍵を回す　→　#　→　暗証番号　→　※

3　#　→　暗証番号　→　※　→　鍵を回す

4　※　→　暗証番号　→　#　→　鍵を回す

6番 　🔊14

1　賞品を机の上に置く

2　当日のスケジュールを委員に送る

3　出席者にメールで開始時間を知らせる

4　始まる2時間前に会場に行く

3回目 ポイント理解 | 練習 | ポイント理解

Comprehension of key points | Practice | Comprehension of key points
重点理解 | 练习题 | 重点理解
Hiểu điểm chính | Luyện tập | Hiểu điểm chính

1. ポイント理解の流れ 実際の試験の問題2

状況説明文と質問文を聞く →
問題用紙にある選択肢を読む → 話を聞く →
もう一度質問文を聞く →
選択肢から答えを選ぶ

ポイントになることばに注意しよう。

Listen to the question and the sentences that explain the situation. → Read the choices on the question sheet. → Listen to the conversation. → Listen to the question again. → Choose the answer from the choices.

听对话情景说明和提问句 → 阅读试卷上的选项 → 听对话 → 再听一遍提问句 → 从选项中选出正确答案

Nghe câu giới thiệu tình huống và câu hỏi → Đọc các lựa chọn in trên đề → Nghe cuộc nói chuyện → Nghe lại câu hỏi → Chọn câu trả lời từ các lựa chọn

状況説明文　例	質問文　例
会社で男の人と女の人が話しています。	男の人がそれを買った目的は何ですか。
ラジオで専門家が話しています。	この商品が売れている理由は何ですか。
母親と息子が話しています。	母親がダイエットを始めたきっかけは何ですか。

2. 聞き方のポイント

①目的、理由、きっかけなどのことばがポイントになるよ。気をつけて聞こう。

②問題用紙にある選択肢を読む時間が長いよ。落ち着いて、読もう。

③選択肢に書いてあることばに注意して聞こう。話の中に出てくることばと違う言い方をしているかも。

落ち着いて composedly ／沉着, 不慌张／ bình tĩnh　　違う言い方 a different way to say ／不同的说法／ cách nói khác

10

3．例題 🔊15

　この問題では、まず質問を聞いてください。そのあと、問題用紙のせんたくしを読んでください。読む時間があります。それから話を聞いて、問題用紙の1から4の中から、最もよいものを一つ選んでください。

1　一人暮らしが長かったから
2　妻に感謝されたから
3　妻が料理をしなくなったから
4　妻に感謝したことがないと反省したから

正解　2

男の人の妻が風邪をひいた時に、男の人が食事を作ったら、妻から「おいしい」と言われ、そのあとも料理を作ると感謝された。それで、男の人は料理を作るようになった。

1　一人暮らしの時は、料理は作らず、コンビニを利用していた。

3　妻は風邪をひいた時に料理を作らなかったが、作らなくなったとは言っていない。

4　反省したのは、料理を作るようになったあと。

Once, when the man's wife caught a cold, he cooked a meal for her and she said "おいしい." After that, there was another time when he cooked for her and she was grateful for it. So, he cooks very often now.
1　When he lived by himself, he would go to the convenience store rather than cook.
3　When his wife caught a cold, she did not cook. However, it does not say that she stopped cooking.
4　It is only after he came to cook that he regretted not showing gratitude to her before.

男子的妻子感冒时，男子做了一次饭，妻子对他说"おいしい"，从那之后他也会做饭，妻子非常感谢他。因此男子开始做饭了。
1　独自生活时，他不做饭，总是在便利店买饭。
3　妻子只是在感冒时没有做饭，并没有说再也不做饭了。
4　反省是在开始做饭之后的事情。

Khi vợ của người nam bị cảm, người nam nấu bữa ăn thì được vợ khen "おいしい", sau đó nấu ăn nữa thì được vợ cảm ơn. Thế nên người nam đã bắt đầu nấu ăn.
1　Khi còn sống một mình, người nam không tự nấu mà mua từ cửa hàng tiện lợi.
3　Tuy người vợ không nấu ăn lúc bị cảm nhưng người nam không nói rằng vợ mình không còn nấu ăn nữa.
4　Việc tự kiểm điểm xảy ra sau khi người nam đã bắt đầu nấu ăn.

スクリプト

男の人と女の人が話しています。男の人が料理をするようになった理由は何ですか。

女：井上さん、今日もお弁当ですね。おいしそう。

男：そう？　ありがとう。これ、昨日ぼくが作った料理の残りなんだ。

女：え？　井上さんが？　井上さん料理作るんでしたっけ。ああ、一人暮らし、長かった
　　んですよね。

男：いやあ、独身の時はほとんどコンビニだったよ。実はね、先月の休みの日に、妻が風
　　　　　　　　　　　　　　　　　　　　　15. 予測
　　邪ひいたから、ぼくが食事を作ったんだ。そしたら、「おいしい」って言われてね。

女：へえ。

男：そのあとも、妻が忙しい時に夕食を作ったら、すごく感謝されてね。
　　それからしょっちゅう料理をしているんだ。
　　　　　　　17. 副詞

女：そうなんですか。

男：でも、よく考えてみたら、ぼくは今まで妻が毎日料理作ってくれてることに感謝した
　　ことなかったなって反省したよ。

女：奥さん、上手だなあ。

男の人が料理をするようになった理由は何ですか。

練習

■ポイント理解 🔊16

　この問題では、まず質問を聞いてください。そのあと、問題用紙のせんたくしを読んでください。読む時間があります。それから話を聞いて、問題用紙の1から4の中から、最もよいものを一つ選んでください。

1番 🔊17
1　近所から苦情が来たから
2　家族にアレルギーの人がいたから
3　家族に犬が嫌いな人がいたから
4　両親に反対されたから

2番 🔊18
1　友人に、パジャマ姿を見せるのは恥ずかしかったから
2　今までの病院で着る服は、脱いだり着たりしにくかったから
3　お母さんが、友人にパジャマ姿を見られたくないと言ったから
4　お母さんが、病院で着るおしゃれな服がほしいと言ったから

3番 🔊19
1　何かをしながら聞けるから
2　日本語の勉強をしたいから
3　短い時間で聞けるから
4　好きな俳優が読んでいたから

4回目 練習 ポイント理解・即時応答
りかい そくじおうとう
れんしゅう

Practice Comprehension of key points/Quick response
练习题 重点理解／即时应答
Luyện tập Hiểu điểm chính / Đối đáp tức thời

■ **ポイント理解** 🔊20
りかい

　この問題では、まず質問を聞いてください。そのあと、問題用紙のせんたくしを読んで
もんだい しつもん き もんだいようし よ
ください。読む時間があります。それから話を聞いて、問題用紙の 1 から 4 の中から、
よ じかん はなし き もんだいようし なか
最もよいものを一つ選んでください。
もっと ひと えら

1 番 🔊21
ばん

1　虫歯を防ぎたいから
　　むしば ふせ

2　息子の漢字の成績を上げたいから
　　むすこ かんじ せいせき あ

3　韓国語の単語を覚えたいから
　　かんこくご たんご おぼ

4　前に買った時、おいしかったから
　　まえ か とき

2 番 🔊22
ばん

1　古い建物が壊されて、別の町のようになった
　　ふる たてもの こわ べつ まち

2　観光客が集まり、経済的効果がある
　　かんこうきゃく あつ けいざいてきこうか

3　人が増えて、以前の雰囲気がなくなった
　　ひと ふ いぜん ふんいき

4　活気が出てきて、住民も歓迎している
　　かっき で じゅうみん かんげい

■即時応答　　🔊23

　この問題では、問題用紙に何もいんさつされていません。まず文を聞いてください。それから、それに対する返事を聞いて、１から３の中から、最もよいものを一つ選んでください。

3番　🔊24

1	2	3

4番　🔊25

1	2	3

5番　🔊26

1	2	3

6番　🔊27

1	2	3

7番　🔊28

1	2	3

5 回目 概要理解 練習 概要理解

Comprehension of general outline Practice Comprehension of general outline
概要理解 练习题 概要理解
Hiểu khái quát Luyện tập Hiểu khái quát

1. 概要理解の流れ　　実際の試験の問題3

つまり、何？
どういうこと？

状況説明文を聞く　→　話を聞く　→
質問文を聞く　→　選択肢を聞いて、答えを選ぶ

（質問文は話の前に聞くことができない。また、
実際の試験の問題用紙には何も書かれていない）

Listen to the sentences that explain the situation. → Listen to the person talking. → Listen to the question. → Listen to the choices and choose the answer. (The question can not be heard before the talking. In the actual test there is nothing written on the question sheet.)

听讲话情景说明 → 听讲话 → 听提问句 → 听选项, 然后选择答案(只能在讲话结束后才能听到提问句。而且在正式考试的试卷上没有任何信息)

Nghe câu giới thiệu tình huống → Nghe cuộc nói chuyện → Nghe câu hỏi → Nghe các lựa chọn và chọn câu trả lời (Không được nghe câu hỏi trước cuộc nói chuyện. Ngoài ra, trên đề thi thực tế cũng không in gì)

状況説明文　例	質問文　例
医者が講演会で話しています。	医者は何について話していますか。
ラジオで、専門家が話しています。	話のテーマは何ですか。
テレビでアナウンサーが作家にインタビューしています。	この作家は今、どう思っていますか。

2. 聞き方のポイント

① 「話全体で言いたいことは何か」を考えながら聞く。
小さいことは気にしないで、「つまり何か？」を考えよう。
話のテーマ、話している人の気持ちなど、大きなポイントをつかもう。

② 質問と選択肢は書かれていない。話のあと、1回しか聞けないので、集中してよく聞こう。

③ この問題では、時間、値段など、数字は大切ではないよ。

全体　whole ／整篇／ toàn bộ　　つまり　in short ／也就是说／ tóm lại　　数字　figure ／数字／ con số

3. 例題 🔊29

　この問題では、問題用紙に何もいんさつされていません。この問題は、全体としてどんな内容かを聞く問題です。話の前に質問はありません。まず話を聞いてください。それから、質問とせんたくしを聞いて、1から4の中から、最もよいものを一つ選んでください。

| 1 | 2 | 3 | 4 |

正解　1

女の人は、電子書籍と比較しながら、紙の本の良いところについて例をあげながら話している。

The woman is talking about the advantages of paper books with some examples in comparison to e-books.

女子边与电子书做对比，边举例述说纸质书的优点。

Người nữ đang vừa nói vừa nêu ví dụ về những ưu điểm của sách giấy khi so sánh với sách điện tử.

スクリプト

テレビで女の人が話しています。

女：私は本が好きで、１週間に一冊は読んでいますが、最近は紙の本だけではなく、電子
書籍も読んでいます。電子書籍は皆さんご存じのように、スマホやタブレットで読め
<u>2. 敬語【尊】</u>
る本です。手軽でいい<u>という人</u>もいますが、おもしろい本を友達に貸したり、いらな
<u>11. 意見（前置き）</u>
くなった本を売ったりすることができないので、ちょっと不満に<u>思っています</u>。紙の
<u>11. 意見</u>
本だったらそれが<u>わりと</u>簡単にできますよね。そんなところがとてもいい<u>と思います</u>。
<u>17. 副詞</u>　　　　　　　　　　　　　　　　　　　　　　　　　<u>11. 意見</u>
自分の本がだれかの手に渡って再び読まれたらうれしいです。あと、紙の本は手で一
枚一枚ページをめくることで、『読んでいる』という実感がわくところが好きです。

女の人は主に何について話していますか。

1　紙の本のいいところ

2　紙の本の不便さ

3　電子書籍を買う方法

4　電子書籍の楽しみ方

練習

■概要理解 🔊30

この問題では、問題用紙に何もいんさつされていません。この問題は、全体としてどんな内容かを聞く問題です。話の前に質問はありません。まず話を聞いてください。それから、質問とせんたくしを聞いて、1から4の中から、最もよいものを一つ選んでください。

1番 🔊31

1	2	3	4

2番 🔊32

1	2	3	4

3番 🔊33

1	2	3	4

6 回目 | 練習(れんしゅう) **概要理解・即時応答**

Practice | Comprehension of general outline/Quick response
练习题 | 概要理解／即时应答
Luyện tập | Hiểu khái quát / Đối đáp tức thời

■ 概要理解(がいようりかい) 🔊34

　この問題(もんだい)では、問題用紙(もんだいようし)に何(なに)もいんさつされていません。この問題(もんだい)は、全体(ぜんたい)としてどんな内容(ないよう)かを聞(き)く問題(もんだい)です。話(はなし)の前(まえ)に質問(しつもん)はありません。まず話(はなし)を聞(き)いてください。それから、質問(しつもん)とせんたくしを聞(き)いて、１から４の中(なか)から、最(もっと)もよいものを一(ひと)つ選(えら)んでください。

１番(ばん) 🔊35

| 1 | 2 | 3 | 4 |

2番(ばん) 🔊36

| 1 | 2 | 3 | 4 |

3番(ばん) 🔊37

| 1 | 2 | 3 | 4 |

■即時応答　🔊38

この問題では、問題用紙に何もいんさつされていません。まず文を聞いてください。それから、それに対する返事を聞いて、1から3の中から、最もよいものを一つ選んでください。

4番　🔊39

1	2	3

5番　🔊40

1	2	3

6番　🔊41

1	2	3

7番　🔊42

1	2	3

7 回目
統合理解 (I) 練習 統合理解 (I)

Integrated comprehension (I) Practice Integrated comprehension(I)
综合理解 (1) 练习题 综合理解 (1)
Hiểu tích hợp 1 Luyện tập Hiểu tích hợp 1

Ⅰ. 統合理解の説明

統合理解には、二つのタイプの問題がある。

統合理解 (I)：質問は一つ。
　　　　　　　2人または、3人の会話を聞く。

統合理解 (2)：質問は二つ。
　　　　　　　何かについての説明のあとで2人の会話を聞く。

ここでは、**統合理解 (I)** の説明をする。**統合理解 (2)** の説明は「9回目」。

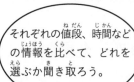

それぞれの値段、時間などの情報を比べて、どれを選ぶか聞き取ろう。

Integrated comprehension is divided into two types of problem.
Integrated comprehension (I): There is one question. You listen to a conversation between 2-3 people.
Integrated comprehension (2): There is two questions. You listen to an explanation about something and then listen to a conversation between two people.
This lesson explains integrated comprehension (I). Integrated comprehension (2) is explained in Lesson 9.

综合理解有两类题型。
综合理解 (1)：一个提问。听两个人或者三个人的对话。
综合理解 (2)：两个提问。在就某个事物做出解释说明之后听两个人的对话。
这里讲解综合理解 (1)，综合理解 (2) 在 "第 9 课" 学习。

Có 2 dạng đề trong Hiểu tích hợp.
Hiểu tích hợp 1: Một câu hỏi. Nghe hội thoại giữa 2 hoặc 3 người.
Hiểu tích hợp 2: Hai câu hỏi. Nghe hội thoại giữa 2 người sau khi nghe thuyết minh về điều gì đó.
Ở lần này sách sẽ giải thích Hiểu tích hợp 1. Phần giải thích Hiểu tích hợp 2 nằm trong "Lần 9".

2. 統合理解 (I) の流れ 　実際の試験の問題5の1番、2番

状況説明文を聞く → 2人または、3人の会話を聞く →
質問文と選択肢を聞く → 答えを選ぶ

（質問文は話の前に聞くことができない。また、実際の試験の問題用紙には何も書かれていない。問題5は、実際の試験では例題がない。すぐに問題が始まる）

Listen to the description of the situation. → Listen to the conversation between 2-3 people. → Listen to the question and choices. → Select your answer. (You can't listen to the question before the conversation. Nor is there anything written on the actual test problem sheet. About problem 5, there are no sample questions in the actual test. Problems start immediately.)

听对话情景说明→听两个人或者三个人的对话→听提问句和选项→选择答案（只能在对话结束后才能听到提问句。而且在正式考试的试卷上没有任何信息，第 5 大题在正式考试中也没有例题，马上开始考试）

Nghe câu giới thiệu tình huống → Nghe hội thoại giữa 2 hoặc 3 người → Nghe câu hỏi và các lựa chọn → Chọn câu trả lời
(Không được nghe câu hỏi trước khi nghe câu chuyện. Ngoài ra, trên đề của bài thi thực không in gì. Câu 5 trong bài thi thực sẽ không có câu mẫu mà đi thẳng vào phần thi)

状況説明文 例	質問文 例
大学で男の学生と職員が話しています。	男の学生はどの会社の説明会に行きますか。
家族3人が旅行について話しています。	3人はどこに行くことにしましたか。

3．聞き方のポイント

①統合理解は、何かを決めるため、複数のものや意見の中から、**条件に合うもの**や、話している人たちの**意見が一致したもの**を選ぶ問題だ。

②2人の会話の場合：
状況説明文と会話の初めを聞いて、質問者が**何を決めなければならないかを予測**しよう。そして、候補に挙がったものの特徴や数字などを**メモ**していこう。
パソコンを買う
→値段、機能、重さの違いなど
　をメモ
アルバイト先を決める
→給料・労働時間、仕事の内容
　の違いなどをメモ

③3人の会話の場合：
状況説明文を聞き、**人間関係**に注意しよう。
会話の初めを聞いて、何を決めるのかを予測しよう。
いろいろな意見が出るが、**最後にどうすることにしたか**が答えだ。
3人の会話の問題は8回目にあるよ。

候補　What is expected ／备选项／ đối tượng lựa chọn　　人間関係　Human relations ／人际关系／ quan hệ giữa người với người

問題用紙に何もいんさつされていません。まず話を聞いてください。それから、質問とせんたくしを聞いて、１から４の中から、最もよいものを一つ選んでください。

1　　2　　3　　4

正解　2

メモの例：

1　Ａ社：野菜を入れるところが大きい　安くない
2　Ｂ社：冷凍庫が広い　Ｃ社より安い
3　Ｃ社：冷凍庫が広い　野菜室が広い　デザインがいい
4　Ｄ社：デザインがいい　Ｃ社より高い　冷凍庫が広い

男の人は「冷凍庫が大きいし、やっぱり一番安いこれにします」と言っている。一番安い冷蔵庫はＢ社の冷蔵庫である。

1　男の人はＡ社の冷蔵庫について「もう少し安いほうが（いい）」と言っている。

3　Ｃ社の冷蔵庫はＢ社のものより少し高い。

4　Ｄ社の冷蔵庫はＣ社の冷蔵庫より高い。

The man says, "冷凍庫が大きいし、やっぱり一番安いこれにします (This fridge has a big freezer and is the cheapest one, so I will buy this one)." The cheapest fridge is made by company B.
1　The man says "もう少し安いほうが（いい）(I prefer one a bit cheaper)" about the company A fridge.
3　The company C fridge is a bit more expensive than company B's.
4　The company D fridge is more expensive than company C's.

男子说"冷凍庫が大きいし、やっぱり一番安いこれにします（因为冷冻室也很大，还是选择最便宜的这个）"。最便宜冰箱是Ｂ社的。
1　关于Ａ社的冰箱，男子说"もう少し安いほうが（いい）（想要更便宜一点的）"。
3　Ｃ社的冰箱比Ｂ社的略微贵一些。
4　Ｄ社的冰箱比Ｃ社的冰箱贵。

Người nam nói "冷凍庫が大きいし、やっぱり一番安いこれにします (Tôi sẽ chọn cái rẻ nhất này vì nó có ngăn đá to)". Cái tủ lạnh rẻ nhất là của hãng B.
1　Người nam nói tủ lạnh của hãng A là "もう少し安いほうが（いい）(nếu rẻ hơn chút nữa thì tốt)".
3　Tủ lạnh của hãng C mắc hơn của hãng B một chút.
4　Tủ lạnh của hãng D mắc hơn của hãng C.

スクリプト

電気店で男の人が店員と話しています。

男：すみません。冷蔵庫がほしいんですが、あまり高くなくて、評判がいいのはどれでしょ

うか。

女：そうですねえ。こちらはいかがでしょうか。Ａ社の冷蔵庫は野菜を入れるところが大
　　4. イント(4)a

きくて、野菜を新鮮に保存できますよ。

男：ふーん。でも、もう少し安いほうが……。

女：それでしたら、こちらのＢ社の冷蔵庫も人気がありますよ。真ん中が冷凍庫になって

いるんですが、広くて冷凍食品をたくさん入れることができます。

男：それはありがたいな。うち共働きだから。

女：あ、それから、こちらのＣ社のもＢ社と同様、冷凍庫が大きいタイプです。それに、

野菜室も広くて使いやすいですよ。お料理がお好きな方はこちらを選ばれます。
　　　　　　　　　　　　　　　　　　　　　　　　　　　2. 敬語【尊】

男：なるほど。いいですね。この２つではＢ社のほうが少し安いけど、Ｃ社のはデザイン

がいいなあ。

女：ええ、Ｃ社のは色もデザインもすっきりしていますよね。あ、あちらにあるＤ社のも
　　　　　　　　　　　　　　18. オノマトペ

デザインがよくてよく売れていますよ。

男：ああ、ほんとだ。おしゃれだなあ。

女：はい、この色の冷蔵庫はめずらしいですよね。こちらはＣ社のより少し高いですが、

冷凍庫も大きいですよ。

男：へえ、どうしよう。でも、冷凍庫が大きいし、やっぱり一番安いこれにします。
　　　　　　　　　　　　　　　　　　　　　　15. 予測

男の人はどの冷蔵庫を買いますか。

1　Ａ社の冷蔵庫　　2　Ｂ社の冷蔵庫

3　Ｃ社の冷蔵庫　　4　Ｄ社の冷蔵庫

■統合理解 (1) 🔊44

　問題用紙に何もいんさつされていません。まず話を聞いてください。それから、質問とせんたくしを聞いて、１から４の中から、最もよいものを一つ選んでください。

１番　🔊45

1	2	3	4

２番　🔊46

1	2	3	4

8回目

練習 統合理解 (I)・即時応答

Practice Integrated comprehension (I)/Quick response
练习题 综合理解 (I)／即时应答
Luyện tập Hiểu tích hợp 1 / Đối đáp tức thời

■統合理解 (I) 🔊47

問題用紙に何もいんさつされていません。まず話を聞いてください。それから、質問とせんたくしを聞いて、1から4の中から、最もよいものを一つ選んでください。

1番 🔊48

| 1 | 2 | 3 | 4 |

2番 🔊49

| 1 | 2 | 3 | 4 |

3番 🔊50

| 1 | 2 | 3 | 4 |

■即時応答 🔊51

この問題では、問題用紙に何もいんさつされていません。まず文を聞いてください。それから、それに対する返事を聞いて、1から3の中から、最もよいものを一つ選んでください。

4番 🔊52

| 1 | 2 | 3 |

5番 🔊53

| 1 | 2 | 3 |

練習 統合理解(I)・即時応答

9
回目

統合理解 (2) 　練習 統合理解 (2)

Integrated comprehension (2) Practice Integrated comprehension (2)
综合理解 (2) 练习题 综合理解 (2)
Hiểu tích hợp 2 Luyện tập Hiểu tích hợp 2

１．統合理解 (2) の流れ　　実際の試験の問題５の３番

| 状況説明文を聞く | → | 何かについての説明を聞く | → |

| それについての２人の会話を聞く | → | 質問文を聞く | → | 答えを選ぶ |

（質問文は話の前に聞くことができない）

Listen to the description of the situation. → Listen to an explanation about something. → Listen to the conversation between two people about it. → Listen to the question. → Select your answer. (You can't listen to the question before the conversation.)

听对话情景说明→听关于某事物的解释说明→听关于此事物的两个人的对话→听提问句→选择答案（只能在对话结束后才能听到提问句）

Nghe câu giới thiệu tình huống → Nghe thuyết minh về điều gì đó → Nghe hội thoại giữa 2 người về nội dung đó → Nghe câu hỏi → Chọn câu trả lời (Không được nghe câu hỏi trước khi nghe câu chuyện)

状況説明文　例	質問文　例
スポーツクラブの受付で説明を聞いて、夫婦が話しています。	1　男の人はどうしますか。 2　女の人はどうしますか。
旅行会社の人の説明を聞いて夫婦が話しています。	1　男の人はどのツアーに参加しますか。 2　女の人はどのツアーに参加しますか。

２．聞き方のポイント

①話は前半と後半に分かれるよ。前半は、ある物やことについての説明。後半は、それを聞いた２人が、どれを選ぶか話し合う会話だよ。

②質問１と２は同じ選択肢だけど、２人はそれぞれ違うものを選ぶよ。聞く前に選択肢を見ておこう。

③説明を聞きながら、４つの選択肢の違いをメモしよう。
例：２人はそれぞれどのツアーに行くか
１　Aツアー　海の生き物、子ども〇
２　Bツアー　ハイキング、子ども〇
３　Cツアー　馬、乗る、子ども〇
４　Dツアー　星空、子ども×

前半　First half ／前半部分／ nửa đầu　　後半　Second half ／后半部分／ nửa sau

3. 例題　🔊54

まず話を聞いてください。それから、二つの質問を聞いて、それぞれ問題用紙の1から4の中から、最もよいものを一つ選んでください。

質問1

1　1つ目のグループ　　2　2つ目のグループ

3　3つ目のグループ　　4　4つ目のグループ

質問2

1　1つ目のグループ　　2　2つ目のグループ

3　3つ目のグループ　　4　4つ目のグループ

正解　質問1　3　　質問2　4

メモの例:

グループ1　小学生が日本の遊びを教える

グループ2　小学生が地域の歴史と関連する場所を紹介する

グループ3　小学生が日本の料理を教える

グループ4　日本の音楽を聞いて、演奏を学ぶ

質問1

男の人は料理か遊びがいいと言っているが、遊びはルールの説明が難しそうだと心配している。最後に「食欲には勝てない（＝食べたい気持ちを抑えられない）」と言い、料理を選んだ。

質問2

女の人は「音楽にも興味がある」「楽器にしよう」と言った。

Question 1
The man says that cooking or games would be good, but he worries that explaining the rules of games might be difficult. Finally, he chooses cooking, saying, "食欲には勝てない (i.e., he can't resist his appetite)."

提问1
男子说可以选择做饭或者游戏，但是担心游戏规则的讲解好像很难。最后说"食欲には勝てない（＝无法抑制想要吃的心情），选择了做饭。

Câu hỏi 1
Người nam nói thích ẩm thực hoặc trò chơi nhưng lại lo rằng với trò chơi thì phần giải thích luật chơi chắc là khó. Cuối cùng người nam nói "食欲には勝てない (= không kiềm chế nổi cảm giác thèm ăn)" và đã chọn ẩm thực.

Question 2
The woman says, "音楽にも興味がある" and "楽器にしよう."

提问2
女子说"音楽にも興味がある""楽器にしよう"。

Câu hỏi 2
Người nữ nói "音楽にも興味がある", "楽器にしよう".

スクリプト

日本語学校で先生の説明を聞いて、学生が話しています。

女1：来週の15日、このクラスは、近くの小学校で交流授業をします。グループに分かれて小学生と交流しますので、自分の入りたいグループを決めてください。まず1つ目のグループは、小学生が日本の遊びを教えるグループです。きっと自分の国にも似たような遊びがあると思いますので、それを教え合ってもいいでしょう。2つ目は、小学生がこの地域の歴史と関連する場所を紹介するというグループです。それについて質問したり話し合いをしたりすることができるので、歴史好きの人にはぴったり
だと思います。3つ目のグループは、小学生から日本の料理を学ぶグループです。18. オノマトペ
材料は小学校に準備されていますので、持っていく必要はありません。あとで作ったものを食べられますよ。4つ目のグループは、日本の伝統的な音楽を聞いて、演奏のし方を学ぶグループです。この小学校は日本の伝統的な音楽の教育に力を入れているんです。

女2：どうしようか。いろいろあって迷うなあ。

男　：どのグループにも出てみたいけど、料理か遊びかな。料理なら、あとで、できあがった料理を食べられるじゃない。
4. イント(2)b
女2：ほんとに食べるのが好きね。まあ、私もそうだけど。

男　：遊びは楽しそうだけど、ルールの説明って、意外に難しいんだよね。ちょっと心配。

女2：そうだね。私は音楽にも興味があるなあ。実は高校生のころ、バンドでギター弾いていたんだ。

男　：え、そうだったの。知らなかった。聞くだけかと思ってた。

女2：ただ、日本の楽器は難しいって聞いたことがある。簡単には音が出せないって。
15. 予測
男　：たいこみたいに叩くものなら、大丈夫じゃない？　ぼくは歴史にも関心があるんだけど、
4. イント(2)c
知らないことばがたくさん出てきそうで、ちょっと無理かも。やっぱりぼくは食欲
15. 予測
には勝てないな。これにするよ。

女2：うん、それがいいんじゃない？　私は楽器にしよう。
11. 意見　4. イント(1)

30

質問1　男の人はどのグループに入りますか。

質問2　女の人はどのグループに入りますか。

練習

■**統合理解 (2)**　🔊55

　まず話を聞いてください。それから、二つの質問を聞いて、それぞれ問題用紙の１から４の中から、最もよいものを一つ選んでください。

１番　🔊56

質問1

1　一つ目
2　二つ目
3　三つ目
4　四つ目

質問2

1　一つ目
2　二つ目
3　三つ目
4　四つ目

２番　🔊57

質問1

1　1本目
2　2本目
3　3本目
4　4本目

質問2

1　1本目
2　2本目
3　3本目
4　4本目

10回目

練習 課題理解・ポイント理解
統合理解 (2)・即時応答

Practice Task-based comprehension/Comprehension of key points/Integrated comprehension (2)/Quick response
练习题 问题理解／重点理解／综合理解 (2)／即时应答
Luyện tập Hiểu yêu cầu câu hỏi / Hiểu điểm chính / Hiểu tích hợp 2 / Đối đáp tức thời

■課題理解 🔊58

この問題では、まず質問を聞いてください。それから話を聞いて、問題用紙の1から4の中から、最もよいものを一つ選んでください。

1番 🔊59

1　豆の倉庫の状態を調べる
2　水の品質を調査する
3　工場に問い合わせる
4　品質管理部に電話する

■ポイント理解 🔊60

この問題では、まず質問を聞いてください。そのあと、問題用紙のせんたくしを読んでください。読む時間があります。それから話を聞いて、問題用紙の1から4の中から、最もよいものの一つを選んでください。

2番 🔊61

1　15日
2　20日
3　28日
4　30日

32

■統合理解 (2) 🔊62

まず話を聞いてください。それから、二つの質問を聞いて、それぞれ問題用紙の１から４の中から、最もよいものを一つ選んでください。

3番 🔊63

質問１

1　Ａ会員になる
2　Ｂ会員になる
3　Ｃ会員になる
4　今日は入会しない

質問2

1　Ａ会員になる
2　Ｂ会員になる
3　Ｃ会員になる
4　今日は入会しない

■即時応答 🔊64

この問題では、問題用紙に何もいんさつされていません。まず文を聞いてください。それから、それに対する返事を聞いて、１から３の中から、最もよいものを一つ選んでください。

4番 🔊65

1	2	3

5番 🔊66

1	2	3

<ruby>11<rt></rt></ruby>回目 | <ruby>練習<rt>れんしゅう</rt></ruby> <ruby>課題理解<rt>かだいりかい</rt></ruby>・<ruby>概要理解<rt>がいようりかい</rt></ruby>・<ruby>即時応答<rt>そくじおうとう</rt></ruby>

Practice Task-based comprehension/Comprehension of general outline/Quick response
练习题 问题理解／概要理解／即时应答
Luyện tập Hiểu yêu cầu câu hỏi / Hiểu khái quát / Đối đáp tức thời

■<ruby>課題理解<rt>かだいりかい</rt></ruby>　🔊67

この<ruby>問題<rt>もんだい</rt></ruby>では、まず<ruby>質問<rt>しつもん</rt></ruby>を<ruby>聞<rt>き</rt></ruby>いてください。それから<ruby>話<rt>はなし</rt></ruby>を<ruby>聞<rt>き</rt></ruby>いて、<ruby>問題用紙<rt>もんだいようし</rt></ruby>の１から４の<ruby>中<rt>なか</rt></ruby>から、<ruby>最<rt>もっと</rt></ruby>もよいものを<ruby>一<rt>ひと</rt></ruby>つ<ruby>選<rt>えら</rt></ruby>んでください。

１<ruby>番<rt>ばん</rt></ruby>　🔊68

1　グラフを<ruby>作<rt>つく</rt></ruby>る
2　<ruby>図書館<rt>としょかん</rt></ruby>で<ruby>資料<rt>しりょう</rt></ruby>をコピーする
3　<ruby>大野<rt>おおの</rt></ruby><ruby>君<rt>くん</rt></ruby>にメールをする
4　<ruby>原稿<rt>げんこう</rt></ruby>を<ruby>書<rt>か</rt></ruby>き<ruby>直<rt>なお</rt></ruby>す

■<ruby>概要理解<rt>がいようりかい</rt></ruby>　🔊69

この<ruby>問題<rt>もんだい</rt></ruby>では、<ruby>問題用紙<rt>もんだいようし</rt></ruby>に<ruby>何<rt>なに</rt></ruby>もいんさつされていません。この<ruby>問題<rt>もんだい</rt></ruby>は、<ruby>全体<rt>ぜんたい</rt></ruby>としてどんな<ruby>内容<rt>ないよう</rt></ruby>かを<ruby>聞<rt>き</rt></ruby>く<ruby>問題<rt>もんだい</rt></ruby>です。<ruby>話<rt>はなし</rt></ruby>の<ruby>前<rt>まえ</rt></ruby>に<ruby>質問<rt>しつもん</rt></ruby>はありません。まず<ruby>話<rt>はなし</rt></ruby>を<ruby>聞<rt>き</rt></ruby>いてください。それから、<ruby>質問<rt>しつもん</rt></ruby>とせんたくしを<ruby>聞<rt>き</rt></ruby>いて、１から４の<ruby>中<rt>なか</rt></ruby>から、<ruby>最<rt>もっと</rt></ruby>もよいものを<ruby>一<rt>ひと</rt></ruby>つ<ruby>選<rt>えら</rt></ruby>んでください。

２<ruby>番<rt>ばん</rt></ruby>　🔊70

1	2	3	4

３<ruby>番<rt>ばん</rt></ruby>　🔊71

1	2	3	4

■即時応答　🔊72

この問題では、問題用紙に何もいんさつされていません。まず文を聞いてください。それから、それに対する返事を聞いて、1から3の中から、最もよいものを一つ選んでください。

4番　🔊73

1	2	3

5番　🔊74

1	2	3

6番　🔊75

1	2	3

7番　🔊76

1	2	3

12 回目

練習 ポイント理解・概要理解

Practice Comprehension of key points/Comprehension of general outline
练习题 重点理解／概要理解
Luyện tập Hiểu điểm chính / Hiểu khái quát

■ポイント理解 🔊77

この問題では、まず質問を聞いてください。そのあと、問題用紙のせんたくしを読んでください。読む時間があります。それから話を聞いて、問題用紙の1から4の中から、最もよいもの一つを選んでください。

1番 🔊78

1 安くて性能がいいパソコンを作ったから
2 デザインの担当者の年代を30代から20代前半に変えたから
3 幅広い年代の社員にデザインを担当させたから
4 販売するパソコンの色やデザインの種類を減らしたから

2番 🔊79

1 ファンが大勢来て、事故が起こったから
2 地震によって建物が壊れたから
3 建物の文化的な価値が下がったから
4 建物を維持するのにお金がかかりすぎるから

■概要理解　🔊80

　この問題では、問題用紙に何もいんさつされていません。この問題は、全体としてどんな内容かを聞く問題です。話の前に質問はありません。まず話を聞いてください。それから、質問とせんたくしを聞いて、1から4の中から、最もよいものを一つ選んでください。

3番　🔊81

| 1 | 2 | 3 | 4 |

4番　🔊82

| 1 | 2 | 3 | 4 |

13 回目

練習 ポイント理解・課題理解

Practice Comprehension of key points/Task-based comprehension
练习题 重点理解／问题理解
Luyện tập Hiểu điểm chính / Hiểu yêu cầu câu hỏi

■ポイント理解 🔊83

　この問題では、まず質問を聞いてください。そのあと、問題用紙のせんたくしを読んでください。読む時間があります。それから話を聞いて、問題用紙の1から4の中から、最もよいものを一つ選んでください。

1番 🔊84

1　学生課のカウンター
2　教室の机の上
3　図書館のカウンター
4　図書館のコピー機の中

2番 🔊85

1　客をほめたり心にうったえたりする
2　客の話をよく聞く
3　客に対してしゃべらない
4　客に商品についてたくさん話す

■ 課題理解 _{か だい り かい} 🔊86

この問題では、まず質問を聞いてください。それから話を聞いて、問題用紙の1から4_{もんだい} _{しつもん き} _{はなし き} _{もんだいようし}

の中から、最もよいものを一つ選んでください。_{なか} _{もっと} _{ひと えら}

3番 🔊87

1 第三会議室に椅子を持っていく

2 約束の時間を変更できるか、お客さんに聞く

3 村上さんに会議室の変更ができるか聞く

4 総務部に会議室の予約の電話をする

4番 🔊88

1 トマトを入口の近くの棚に置く

2 野菜の棚を掃除する

3 トマトの値段を書く

4 カップラーメンを棚に置く

14 回目

練習 課題理解・統合理解 (1)(2)・
即時応答

Practice Task-based comprehension/Integrated comprehension (1)(2)/Quick response
练习题 问题理解／综合理解 (1)(2)／即时应答
Luyện tập Hiểu yêu cầu câu hỏi / Hiểu tích hợp 1, 2 / Đối đáp tức thời

■課題理解 🔊89

この問題では、まず質問を聞いてください。それから話を聞いて、問題用紙の１から４
の中から、最もよいものを一つ選んでください。

１番 🔊90

1　5,000円

2　4,500円

3　4,000円

4　3,500円

■統合理解 (1) 🔊91

問題用紙に何もいんさつされていません。まず話を聞いてください。それから、質問と
せんたくしを聞いて、１から４の中から、最もよいものを一つ選んでください。

２番 🔊92

| 1 | 2 | 3 | 4 |

■統合理解 (2) 🔊93

まず話を聞いてください。それから、二つの質問を聞いて、それぞれ問題用紙の1から4の中から、最もよいものを一つ選んでください。

3番 🔊94

質問1

1　Aツアー
2　Bツアー
3　Cツアー
4　Dツアー

質問2

1　Aツアー
2　Bツアー
3　Cツアー
4　Dツアー

■即時応答 🔊95

この問題では、問題用紙に何もいんさつされていません。まず文を聞いてください。それから、それに対する返事を聞いて、1から3の中から、最もよいものを一つ選んでください。

4番 🔊96

1	2	3

5番 🔊97

1	2	3

6番 🔊98

1	2	3

7番 🔊99

1	2	3

15回目　総合練習

Comprehensive practice
综合练习
Luyện tập tổng hợp

■課題理解　🔊100

　この問題では、まず質問を聞いてください。それから話を聞いて、問題用紙の1から4の中から、最もよいものを一つ選んでください。

1番　🔊101

1　文法の間違いを直す
2　構成を修正する
3　短所の部分を書き直す
4　終わり方を修正する

■ポイント理解　🔊102

　この問題では、まず質問を聞いてください。そのあと、問題用紙のせんたくしを読んでください。読む時間があります。それから話を聞いて、問題用紙の1から4の中から、最もよいものを一つ選んでください。

2番　🔊103

1　キャンプで使うため
2　ベランダでコーヒーを飲むため
3　部屋の中でテレビを見るため
4　女の人にあげるため

42

■概要理解 _{がいようりかい} 🔊104

この問題では、問題用紙に何もいんさつされていません。この問題は、全体としてどんな内容かを聞く問題です。話の前に質問はありません。まず話を聞いてください。それから、質問とせんたくしを聞いて、1から4の中から、最もよいものを一つ選んでください。

3番 🔊105

1	2	3	4

■統合理解 (1) _{とうごうりかい} 🔊106

問題用紙に何もいんさつされていません。まず話を聞いてください。それから、質問とせんたくしを聞いて、1から4の中から、最もよいものを一つ選んでください。

4番 🔊107

1	2	3	4

■即時応答 _{そくじおうとう} 🔊108

この問題では、問題用紙に何もいんさつされていません。まず文を聞いてください。それから、それに対する返事を聞いて、1から3の中から、最もよいものを一つ選んでください。

5番 🔊109

1	2	3

6番 🔊110

1	2	3

模擬試験

も　ぎ　し　けん

Mock Test
模拟题
Bài thi thử

問題1　🔊111

　問題1では、まず質問を聞いてください。それから話を聞いて、問題用紙の1から4の中から、最もよいものを一つ選んでください。

1番　🔊112

1　映画を見に行く
2　木の枝を切る
3　枯れた草を抜く
4　種を買いに行く

2番　🔊113

1　前とは違うところを見つける
2　気づいたことをメモする
3　鳥の写真を撮る
4　毎回、別の道を探す

3番　🔊114

1　子どもを笑顔にする
2　子どもが希望を持っている印象にする
3　全体のバランスを変える
4　空の色を直す

4番　🔊115

1　在庫を確認する
2　商品を発送する
3　商品発送の準備をする
4　振込みを確認する

46

5番　🔊116

1　データの数字を直し、表をグラフにする

2　データの数字を直し、写真を入れ替える

3　スライドの色を変え、表をグラフにする

4　スライドの色を変え、写真を入れ替える

問題2　🔊117

　問題2では、まず質問を聞いてください。そのあと、問題用紙のせんたくしを読んでください。読む時間があります。それから話を聞いて、問題用紙の1から4の中から、最もよいものを一つ選んでください。

1番　🔊118

1　キッチン、シャワー、トイレが付いている
2　豪華で、何もないところでも泊まれる
3　椅子がベッドとして使え、バッテリーがある
4　普通の小型車と同じで特別な設備はない

2番　🔊119

1　同じような植物が外に置いてあったから
2　本に外に出していいと書かれていたから
3　日に当てる必要があると思ったから
4　外のほうが手入れをしやすいと思ったから

3番　🔊120

1　配達するピザと一緒に注文できるから
2　観光地で歩きながら食べられるから
3　お年寄りが暑い夏でも持って帰れるから
4　プリンやゼリーが売れないから

4番　🔊121

1　やりがいはあるが、自信がないから
2　体調の問題があるから
3　子どもの受験が心配だから
4　小さい子どもの世話をしなければならないから

48

5番 🔊122

1 人の名前や出来事を新たに覚えること

2 今までとは違う事実が見つかること

3 教科書を読むと、新しい発見があること

4 お寺や古い家で昔の手紙を探すこと

6番 🔊123

1 アナウンス

2 安全性

3 時間の正確さ

4 車内環境の快適さ

試模
験擬

問題3では、問題用紙に何もいんさつされていません。この問題は、全体としてどんな内容かを聞く問題です。話の前に質問はありません。まず話を聞いてください。それから、質問とせんたくしを聞いて、1から4の中から、最もよいものを一つ選んでください。

1番 🔊125

1	2	3	4

2番 🔊126

1	2	3	4

3番 🔊127

1	2	3	4

4番 🔊128

1	2	3	4

5番 🔊129

1	2	3	4

問題4 🔊130

問題4では、問題用紙に何もいんさつされていません。まず文を聞いてください。それから、それに対する返事を聞いて、1から3の中から、最もよいものを一つ選んでください。

1番 🔊131	1	2	3	
2番 🔊132	1	2	3	
3番 🔊133	1	2	3	
4番 🔊134	1	2	3	
5番 🔊135	1	2	3	
6番 🔊136	1	2	3	
7番 🔊137	1	2	3	
8番 🔊138	1	2	3	
9番 🔊139	1	2	3	
10番 🔊140	1	2	3	
11番 🔊141	1	2	3	
12番 🔊142	1	2	3	

模擬試験

問題5 🔊143

問題5では、長めの話を聞きます。問題用紙にメモをとってもかまいません。

1番、2番

問題用紙に何もいんさつされていません。まず話を聞いてください。それから、質問とせんたくしを聞いて、1から4の中から、最もよいものを一つ選んでください。

1番 🔊144

1	2	3	4

2番 🔊145

1	2	3	4

3番　🔊146　🔊147

まず話を聞いてください。それから、二つの質問を聞いて、それぞれ問題用紙の１から
４の中から、最もよいものを一つ選んでください。

質問１

1　Ａコンクール

2　Ｂコンクール

3　Ｃコンクール

4　Ｄコンクール

質問２

1　Ａコンクール

2　Ｂコンクール

3　Ｃコンクール

4　Ｄコンクール

リストパート

List part
知识点列表篇
Phần danh mục

Ⅰ．あいさつ／決まった表現 Greetings/Set phrases　打招呼语／固定说法　Chào hỏi / Mẫu diễn đạt cố định

例　A：お先に失礼します。

　　B：お疲れ様でした。

A	B
お元気ですか	（はい、）おかげさまで
お変わりありませんか	（ええ、）相変わらずです
最近どう？	うん、元気だよ
［長い間会わなかった人に会った時］ お久しぶりです ご無沙汰しております	本当にお久しぶりですね こちらこそご無沙汰しております
［仕事先の人に電話をかけた時／会った時］ （いつも）お世話になっております	こちらこそお世話になっております
［人を待たせた時］ お待たせしました お待たせしてすみません お待たせ	いいえ 私も今、来たところです ううん、大丈夫
［人に物を勧める時］ （コーヒーでも）いかがですか	どうぞおかまいなく ありがとうございます。いただきます
［話しかける時］ ちょっといいですか／少しよろしいですか ちょっといい？	はい いいよ。何？
［だれかにごちそうしてもらった時］ ごちそうさまでした	いいえ
［自分が先に帰る時］ お先に失礼します	お疲れ様（でした）／失礼します
［別れる時に相手を心配して］ 気をつけて	はい ありがとうございます
［お世話になった人と別れる時］ いろいろお世話になりました	お元気で

2．敬語 Honorific expressions　敬语　Kính ngữ

敬語：相手に対する敬意を表すために使う表現

　　　相手の行為には尊敬語を使い、自分の行為には謙譲語を使う。

Honorific expressions: Expressions used to show respect to the other person
　　　　　　　Respectful expressions are used for the other's actions and humble expressions are used for your own actions.

敬语：为了向对方表达尊敬之意而使用的说法
　　　对对方的行为使用尊他敬语，对自己的行为使用自谦语。

Kính ngữ: Cách diễn đạt sử dụng để bày tỏ sự tôn kính dành cho đối phương
　　　Dùng tôn kính ngữ cho hành động của đối phương và khiêm nhường ngữ cho hành động của bản thân.

尊敬語：目上の人、お客様の行為

Respectful expressions: Used for actions of someone of higher status or age and actions of customers.

尊他敬语：尊长、客人的行为

Tôn kính ngữ: Hành động của người vai trên, của khách hàng

例　リン：社長、コーヒー、召し上がりますか。

　　　　　　（＝飲みますか）

　　　社長：そうだね。飲もうかな。

謙譲語 I：自分（目下の人）の行為。その行為が相手（目上の人）に関係する時に使う。

Humble expressions I: Indicates actions of oneself (of lower status or age). Used when the action relates to the other person (of higher status or age).

自谦语 I：自己（部下或者晚辈）的行为。这个行为与对方（上司或者尊长）有关联时使用。

Khiêm nhường ngữ I: Hành động của bản thân (người vai dưới). Dùng khi hành động đó có liên quan đến đối phương (người vai trên).

例　社長：リンさん、コーヒー持ってきて。

　　　リン：あ、すぐお持ちします。

　　　　　　（＝持ってきます）

謙譲語 II（＝丁重語）：改まった場で使われる敬語。主語は物でもいい。

Humble expressions II: Used in formal situations. Things can be the subject.

自谦语 II：在正式场合使用的敬语。主语可以是事物。

Khiêm nhường ngữ II: Là kính ngữ được dùng trong các tình huống trang trọng. Chủ ngữ có thể là vật.

例　駅のアナウンス：まもなく３番線に電車が参ります。

尊敬語　主語は目上の人　Respectful expressions: The subject is someone of higher status or age.

尊他敬語：主語是尊长者　Tôn kính ngữ: Chủ ngữ là người vai trên

（1）特別な形になる動詞　Special respectful verbs　特殊形式的动词　Động từ dạng đặc biệt

動詞	尊敬語	例
行く 来る いる	いらっしゃいます おいでになります	明日、何時まで会社にいらっしゃいますか。（＝いますか） 2階にいらっしゃってください。（＝行って／来てください） 明日、うちへおいでになりませんか。（＝来ませんか）
来る	見えます お越しになります	先程こちらに見えました。 10時までにお越しください。
言う	おっしゃいます	何でもおっしゃってください。
する	なさいます	いかがなさいますか（＝どうしますか）。
食べる 飲む	召し上がります	何を召し上がりますか。
着る	お召しになります	こちらの色もお召しになってみませんか。
寝る	お休みになります	どうぞごゆっくりお休みになってください／お休みください。
くれる （～てくれる）	くださいます （～てくださいます）	部長がこれをくださいました。 先生が教えてくださいました。
見る	ご覧になります	この映画をご覧になりましたか。 ごゆっくりご覧になってください／ご覧ください。
知っている	ご存じです	このことをご存じでしたか。
知らない	ご存じ（では）ありません	このことをご存じではありませんでしたか。

58

（2）お V ます／ご N になります・お V ます／ご N ください

動詞	尊敬語	例
待つ	お待ちになります	お客様がお待ちになっています。
	お待ちください	こちらでお待ちください。
説明する	ご説明になります	先生がご説明になりました。
	ご説明ください	もう一度ご説明ください。

「お持ちになる（＝持っていく／持ってくる）」のように、元の動詞とは少し異なる意味になる語もある。

（3）V（ら）れます（＝受身形）

動詞	尊敬語	例
待つ	待たれます	こちらで待たれますか。
説明する	説明されます	どなたが説明されますか。

（4）お V ます です

動詞	尊敬語	例
待つ	お待ちです	お客様がお待ちです。

この形は、使える動詞が限られている。「お待ちです・お帰りです・お呼びです・お持ちです・おわかりです」などがよく使われる。

謙譲語 I　主語は自分（目下の人）

Humble expressions I: The subject is yourself (of lower status or age).

自谦语 I：主语是自己（自己是部下或者晚辈）

Khiêm nhường ngữ I: Chủ ngữ là bản thân (người vai dưới)

（1）特別な形になる動詞　Special humble verbs　特殊形式的动词　Động từ dạng đặc biệt

動詞	謙譲語	例
訪問する 質問する 聞く	伺います	明日、何時ごろお宅に伺ったらいいでしょうか。（＝訪問したら） ちょっと伺いたいことがあるんですが……。（＝質問したい） 先生に貴重なお話を伺いました。（＝聞きました）
言う	申し上げます	その話は、あとで社長に申し上げるつもりです。
会う	お目にかかります	昨日、先生の奥様にお目にかかりました。
見る	拝見します	お手紙、拝見しました。
もらう （～てもらう）	いただきます （～ていただきます／ おVますいただきます ／ごNいただきます）	先生に本をいただきました。 先生に傘を貸していただきました。 お客様、今お申し込みいただきますと、入会金が無料になります。 ご住所とお名前をお書きいただけますか（＝書いてください）。
食べる 飲む	いただきます	ごちそうさまでした。大変おいしくいただきました。
持っていく 持ってくる	お持ちします	先生のお部屋までこの荷物をお持ちします。 今、お水をお持ちします。
あげる	さしあげます	地図をさしあげますので、お使いください。
引き受ける	承ります	ご予約、確かに承りました。
（指示・命令が） わかった	かしこまりました	いちごのバースデーケーキ、お一つですね。かしこまりました。

（2）お V ます します／ご N します

動詞	謙譲語	例
待つ	お待ちします	ご連絡をお待ちしています。
説明する	ご説明します	私からご説明しましょうか。

（3）V ない（さ）せていただきます／ご N させていただきます

動詞	謙譲語	例
待つ	待たせていただきます	こちらで待たせていただいてもよろしいですか。
説明する	（ご）説明させていただきます	この件につきましては、後程ご説明させていただきます。

謙譲語II　（＝丁重語）　改まった場で使われる敬語。主語は物でもいい。

Humble expressions II: Used in formal situations. Things can be the subject.

自谦语II：在正式场合使用的敬语。主语可以是事物。

Khiêm nhường ngữ II: Là kính ngữ được dùng trong các tình huống trang trọng. Chủ ngữ có thể là vật.

動詞	謙譲語	例
行く 来る	参ります	まもなく電車が参ります。（＝来ます） 韓国から参りました。（＝来ました）
言う	申します	リンと申します。
いる （〜ている）	おります （〜ております）	明日は一日中うちにおります。 今、東京は雨が降っております。
する	いたします	このバスは、まもなく発車いたします。
食べる 飲む	いただきます	北海道へ行った時、お寿司をいただきました。
知っている 知らない	存じております 存じません	そのことは、よく存じております。 そのことは、存じません。

⇨**腕試し** 答えは別冊 87 ページ

Ⅰ **どちらの意味ですか。**

🔊148 1 a. 前田様ですか   b. 前田様はいますか

🔊149 2 a. 前田様ですか   b. 前田様はいますか

🔊150 3 a. 見てもいいですか   b. 見せてもいいですか

🔊151 4 a. 見てもいいですか   b. 見せてもいいですか

🔊152 5 a. 私が撮ってもいいですか   b. あなたが撮ってください

🔊153 6 a. 私が撮ってもいいですか   b. あなたが撮ってください

🔊154 7 a. 呼びましたか   b. 呼びましょうか

🔊155 8 a. 呼びましたか   b. 呼びましょうか

Ⅱ **返事として適切なものを選んでください。**

🔊156 1 a. いえ、存じません   b. いえ、ご存じではありません

🔊157 2 a. はい、お待ちしております   b. はい、伺います

🔊158 3 a. ちょっと気分が悪くて   b. おもしろかったです

🔊159 4 a. わかりました   b. はい、お願いします

3. 話しことば　Colloquial language　口语　Văn nói

（1）ことばが短くなったり、音が変わったりする

Words are shortened, or the sounds change.

词语会发生缩略或者变音

Từ ngữ được rút ngắn hoặc biến âm

元の形	音が短くなった形、変わった形
遅れてしまうよ。急ごう。 昨日、授業、休んでしまった。	遅れちゃうよ。急ごう。 昨日、授業、休んじゃった。
これ、熱いからさわってはだめだよ。 この川で泳いではいけないよ。	これ、熱いからさわっちゃだめだよ。 この川で泳いじゃいけないよ。
もう帰らなければいけません。 もう帰らなくてはいけません。	もう帰らなきゃ。 もう帰らなくちゃ。
あそこに子どもが座っています。 宿題、まだやっていない。 うちの子、まだ寝ていて……。	あそこに子どもが座ってます。 宿題、まだやってない。 うちの子、まだ寝てて……。
［あしたのパーティーのために］ ジュース、買っておくね。 ケーキ、作っておいて。 ビール、冷やしておこう。 もうすぐみんな来るから、いすを並べて おかない？	［あしたのパーティーのために］ ジュース、買っとくね。 ケーキ、作っといて。 ビール、冷やしとこう。 もうすぐみんな来るから、いすを並べと かない？
宿題、手伝ってあげる。	宿題、手伝ったげる。
冷たいものでも飲んでいく？ アイス、買っていかない？ 何を持っていったの？	冷たいものでも飲んでく？ アイス、買ってかない？ 何を持ってったの？
天丼という食べ物、知っている？ 26日（というの）は日曜日ですか。 SNS（というの）は何ですか。 あしたは雨だと言っている／いた。 お母さんが「早くしなさい」と言ってい る／いた。	天丼（っ）て（いう）食べ物、知ってる？ 26日って日曜日ですか。 SNSって（何）？ あしたは雨だって（言ってる／言ってた）。 お母さんが「早くしなさい」って（言っ てる／言ってた）。
どこへ行っていたんですか。 今、忙しいんです。	どこ行ってたの？ 今、忙しいの。
それ、違っているかもしれません。	それ、違ってるかも。

（2）音が「ん」に変わる　The sound changes to "ん."　发音变成 "ん"　Chuyển sang âm "ん"

　　例　いろいろな人がいるね。　→　いろんな人がいるね。

　　　　この問題、わからない。　→　この問題、わかんない。

　　　　何言ってるの？　→　何言ってんの？

　　　　なにか食べるものない？　→　なんか食べるもんない？

　　　　毎日雨でいやになる。　→　毎日雨でいやんなる。

　　　　学生は勉強するものだ。→　学生は勉強するもんだ。

　　　　今日は外、行きたくないな。寒いんだもの。→　寒いんだもん。

（3）ね・さ

　　短いポーズが入るところに「ね」「さ」などが入る。意味はない。

At breaks in sentences, particles such as "ね" and "さ" are inserted. There is no particular meaning.

说话语气简短暂停时加入 "ね" "さ" 等。没有意思。

"ね", "さ" được thêm vào chỗ có khoảng dừng ngắn. Không có nghĩa.

　　例　今日はね、カレーを作ろうと思ってるんだ。

　　　　昨日、弟とさ、けんかしちゃったんだ。

　　　　お金、貯めてるんだ。車がほしくてさ。

（4）な（あ）

　　独り言に使う。意見を和らげる時にも使う。

Used when talking to yourself and softening an opinion.

用于自言自语。也用于弱化自己的观点表述语气时。

Dùng khi tự nói với mình. Còn được dùng để làm ý kiến mềm mỏng hơn.

　　例　この絵、きれいだなあ。

　　　　いいなあ。うらやましいな。

　　　　私はそう思わないな。

　　独り言に対して聞き手がそれに答える場合もある。

Sometimes, a person will respond when you talk to yourself.

有时候听话人会对自言自语做出回应。

Cũng có khi người nghe sẽ đáp lại lời tự nói đó.

　　例　A：この絵、きれいだなあ。

　　　　B：そうだね。

（5）かな（あ）

自分で自分に質問している。本当かどうかわからない時にも使われる。

Asking yourself a question. Also used when you are not sure whether something is true or not.

自己向自己提问。也用于不知道是否当真如此时。

Tự đặt câu hỏi cho bản thân. Còn được dùng khi không biết có đúng vậy hay không.

例　今日宿題あった<u>かなあ</u>。

　　あの人山田さん<u>かな</u>。

聞き手がいる場合は相手の答えを期待していることもある。

Sometimes used with the expectation that the listener will respond.

如果有听话人在场，也会期待听话人做出回应。

Trong trường hợp có sự hiện diện của người nghe thì có khi người nói cũng mong đợi đối phương trả lời.

例　A：今日宿題あった<u>かなあ</u>。

　　B：ないよ。

依頼、許可求め、意見を表す「〜んじゃない？」などの後ろにつく場合、間接的で、やわらかい表現となる。

By adding "かな (あ)" to expressions such as requesting, asking permission, and expressing an opinion with "〜んじゃない?," the sentence becomes softer and less direct.

如果接在表示请求、征求许可、发表观点的"〜んじゃない？"等后面，则变成了间接的、婉转的表达方式。

Trường hợp đi sau mẫu diễn đạt nhờ vả, xin phép hoặc thể hiện ý kiến "〜んじゃない？" v.v. thì sẽ trở thành cách nói gián tiếp, mềm mỏng.

例　この仕事、手伝ってもらえる<u>かな</u>。

　　これ使ってもいい<u>かな</u>。

　　うそを言うのはいけないんじゃない<u>かな</u>。

（6）Nだ（った）っけ？・Vんだ（った）っけ？

はっきり覚えていないことを確認する時に使われる。

Used when confirming something you do not clearly remember.

用于对记不清楚的事情进行确认时。

Được dùng khi xác nhận lại điều không nhớ rõ.

例　あした金曜日<u>だ（った）っけ</u>？

　　来週出張に行く<u>んだ（った）っけ</u>？

（7）なんか／なんて

悪い評価、驚き、意外な気持ちなどを表す時に使われる。

Used when expressing something like a low valuation, surprise or unexpectedness.

用于表述负面评价或者表达惊讶、意外等心情时。

Được dùng khi thể hiện sự đánh giá tiêu cực, sự ngạc nhiên, cảm xúc ngoài dự đoán v.v.

例　ぼくなんか試験ぜんぜんできなかったよ。（悪い評価）

お母さんなんか大嫌いだ。（悪い評価）

山田さんなんてぜんぜん準備しなくても発表が完璧だったんだ。（驚き、意外）

そんなこと言うなんて、ひどい。（驚き、意外・悪い評価）

100点取ったなんて、うそでしょ。（驚き、意外）

⇒腕試し　答えは別冊87ページ

どちらの意味ですか。

🔊160　1　a. ここに置いておきますね　　b. ここに置くといいですね

🔊161　2　a. 友達が来てしまいました　　b. 友達が来てしまいます

🔊162　3　a. さわったら進めませんよ　　b. さわってはいけませんよ

🔊163　4　a. コンビニ寄って来ましたか　　b. コンビニ寄って行きますか

🔊164　5　a. 傘を持っていきませんか　　b. 傘を持っていませんか

🔊165　6　a. 早く来なさい　　b. 早く来なさいと言っています

🔊166　7　a. 何を言っているんですか　　b. 何を言ったんですか

🔊167　8　a. あしたは雨です　　b. あしたは雨だそうです

🔊168　9　a. 会議はあしたですよね　　b. 会議はあしたじゃないですよ

🔊169　10　a. 私はよく頑張った　　b. 私はだめだなあ

🔊170　11　a. おもしろいかどうかよくわからないなあ

　　　　　b. おもしろいと思うよ

🔊171　12　a. 早めに準備をしておきましょう

　　　　　b. 早めに準備をして行きましょう

４．イントネーション Intonation 语调 Ngữ điệu

声の上げ下げ、長さなどによって、質問、否定、驚きなどの気持ちを表す。イントネーションによって意味が変わるものに気をつけよう。

By the pitch or the length of the voice, the feeling of denial, surprise, or of asking a question can be expressed. Be careful as the meaning of the sentence can change depending on the intonation.

通过语调的上扬或者下降，拉长或者缩短，来表达提问、否定、惊讶等。要注意语调不同，表达的意思也会发生变化。

Biểu thị những cảm xúc như nghi vấn, phủ định, cảm thán bằng sự lên xuống hay kéo dài trong giọng nói. Lưu ý những trường hợp ý nghĩa thay đổi do ngữ điệu.

（１）〜んじゃない？　　★文の終わりが上昇

〜と思うけど……。（自分の考えをやわらかく言う）

I think that 〜. (A softer way to express your point of view)

我认为〜。（婉转地表述自己的观点）

Tôi thì nghĩ là 〜. (Nêu suy nghĩ của bản thân một cách mềm mỏng)

🔊172　うそをつくのは、よくないんじゃない？（＝よくないと思うけど……）

それ、宿題なんじゃない？（＝宿題だと思うけど……）

（２）〜じゃない

a.　〜じゃない　　★「な」の音が上がる

ナ形容詞／名詞の否定　Negative of Na-adjective/noun　ナ形容词／名词的否定　Phủ định của tính từ ナ / danh từ

🔊173　これ、私のじゃない。（＝私のではない　否定）

b.　〜じゃない　　★文の終わりが下がる。「な」の音は高くならない

自分の意見の強調（肯定・驚き・非難）

Emphasis on your own opinion (affirmation, surprise, criticism)　强调自己的观点（肯定、惊讶、批评）

Nhấn mạnh ý kiến của bản thân (khẳng định, ngạc nhiên, phê bình)

🔊174　この音楽、いいじゃない。（＝いいね　肯定）

あ、これ、私のじゃない。（＝私のだ　驚き）

何度も言ったじゃない。（＝言ったでしょう？　非難）

c.　〜じゃない？　　★文の終わりが上がる

同意求め、確認　Seeking agreement, confirmation　征求对方赞同、核实　Tìm kiếm sự đồng tình, xác nhận

🔊175　あそこにいるの、山下さんじゃない？（＝山下さんだよね？　同意求め）

今日、キムさん来るじゃない？　来たらこれ渡してくれる？（＝来るでしょう？　確認）

（3）いいよ／いいですよ

a. いいよ／いいですよ。　　★文の終わりが下がる

断り。しなくてもいい　　Refusal. You do not have to do it.　拒绝。不需要做　Lời từ chối. Không cần làm

🔊176　A：荷物、持とうか。

　　　　B：いいよ。大丈夫。

b. いいよ／いいですよ。　　★「よ」の音が少し上がる

了承　　Acceptance　同意　Đồng ý

🔊177　A：荷物、持ってくれる？

　　　　B：いいよ。

（4）そうですね

a. そうですねえ　　★ゆっくり言う。文の終わりの「ねえ」を長く伸ばす。
何を言うか考えている時に使う。

Used when you are thinking about what to say.　用于正在思考要说什么时。　Dùng khi đang suy nghĩ xem sẽ nói gì.

🔊178　A：この件について川崎さんはどう思いますか。

　　　　B：そうですねえ。いいんじゃないでしょうか。

b. そうですねえ　　★低く、ゆっくり話し始める
断る時など、言いにくいことを言う時に使う。

Used to say difficult things, such as refusal or rejection.　用于表示拒绝等难以开口时。

Dùng khi nói lên điều khó nói, ví dụ như khi từ chối v.v.

🔊179　A：このデータ入力、あしたまでにできますか。

　　　　B：そうですねえ。あしたまではちょっと……。申し訳ありません。

c. そうですね？   ★文の終わりが上がる

確認（返事が必要） Confirmation (reply required) 核实（需要回答） Xác nhận (cần hồi đáp)

🔊180 山田：それはC案からB案に変更したはずだけど……。佐藤さん、そうですね？

佐藤：はい、間違いありません。

d. そうですね   ★文の終わりが少し上がる

同意 Agreement 赞同 Sự đồng tình

🔊181 A：昨日は寒かったですね。

B：そうですね。

⇨腕試し 答えは別冊88ページ

話している人は、どう思っていますか。

🔊182 1 a. 出席する   b. 出席しない

🔊183 2 a. 休みだ   b. 休みではない

🔊184 3 a. 有名だ   b. 有名ではない

🔊185 4 a. いい人だ   b. いい人ではない

🔊186 5 a. いい人だ   b. いい人ではない

🔊187 6 a. いい人だ   b. いい人ではない

🔊188 7 a. 似合う   b. 似合わない

🔊189 8 a. やってもいい   b. やらなくてもいい

🔊190 9 a. 来てもいい   b. 来なくてもいい

🔊191 10 a. 私もそう思う   b. 今考えている   c. 正しいですか

🔊192 11 a. 私もそう思う   b. 今考えている   c. 正しいですか

リスト

4 イントネーション

5. 順番　Order　先后順序　Trình tự

> まず／はじめに／最初に／先に／今すぐ

> 次に／それから／そのあと（で）／その後／〜てから／〜たら／〜次第*／で**
>
> その前に／〜る前に／それより先に

> 最後に／全部終わったら

＊＝〜のあとすぐ

　例：振込みが確認でき次第、商品を発送いたします。

＊＊会話で使われる。「それから／それで」という意味。

　例：野菜を洗います。で、小さく切ります。

※注意したほうがいい表現

〜た上で ＝ 〜たあとで、その結果をもとに

　例　担当者と相談した上で、お返事いたします。（＝相談してから返事をする）

〜はあとでいい ＝ 〜は急がない。あとでかまわない。

　例　コピーはあとでいいです。（＝ほかのことが終わってからコピーをする）

〜はいい ＝ 〜はしなくてもいい

　例　コピーはいいよ。あとで、私がやっておくから。

6．依頼する　Making a request　请求　Nhờ vả

（1）依頼する　Making a request　请求　Nhờ vả

【前置き】

> ごめん／悪いんだけど／断ってくれてもいいんだけど／手があいていたら／
> お手数ですが／（お）時間があれば／申し訳ないんですが／
> （ちょっと）お願いしてもいいですか

【依頼する】

> 〜て／〜てくれ*／〜てくれない？／〜てくれないかな／〜てくれると助かるんだけ
> ど……／おＶますください／ごＮください

> 〜てもらえる？／〜てもらいたいんだけど……／〜てもらうわけにはいかない？／
> 〜てもらいたいんですが……／〜てもらってもいいですか

> 〜ていただけますか／〜ていただきたいんですが……／〜ていただけるとありがたい
> んですが……／〜ていただけると助かるんですが……／おＶますいただけますか

> 〜てほしいんだけど……／〜てほしいんですが……

> お願い／お願いできる？／お願いできないかな／お願いします／お願いいたします

> 頼む／頼める？／頼みます

*男性的な表現

「おＶますください」は、丁寧に指示する時によく使われる。

"おＶますください" is often used when giving a polite instruction.

"おＶますください" 常用于礼貌地发出指令时。

"おＶますください" thường được dùng khi chỉ dẫn một cách lịch sự.

例　［病院で］次の方、お入りください。
　　　［旅館で］鍵はこちらにお戻しください。

（2）引き受ける　Accepting　接受　Tiếp nhận

> わかった／わかりました／承知しました／かしこまりました
>
> いいよ／いいですよ

承知する時は、前置き表現は使われないことが多い。

When accepting something, you do not often use an introductory phrase.

表达同意时很多时候没有开场白。

Khi chấp thuận, người nói thường không dùng các mẫu diễn đạt mở đầu.

例　部長：Bさん、悪いんだけど、あしたまでにこのデータまとめといてくれる？

　　部下：はい、わかりました。（目上の人に「いいですよ」は使わない）

例　A：何かおわかりになったら、お知らせいただけますか。

　　B：はい。承知しました。

（3）断る　Rejecting/refusing　拒绝　Từ chối

【前置き】

> あー／えーっと／うーん／そうですねえ……（低くゆっくり話し始めるときには断り
> の前置きとして使われることが多い）
>
> ごめん／すみません／〜たいんですけど……／〜たい気持ちはあるんですが……

断る時には前置き表現があり、それを聞けば「断り」だということがわかる。

An introductory phrase is used before a refusal. When you hear it, you will know that this is a refusal.

表达拒绝时有开场白，听到了开场白就明白了是"拒绝"的意思。

Khi từ chối, trong câu sẽ có mẫu diễn đạt mở đầu và người nghe sẽ biết được đó là "lời từ chối" khi nghe thấy mẫu diễn đạt này.

【断る】

> ［できないと伝える］無理／難しい／厳しいです（「〜そう（難しそうです）」や「ちょっ
> と」を一緒に使って表現を和らげることが多い）
>
> ［理由を言う］今、手が離せないんです／これから〜なんです

例　A：Bさん、手があいていたら、発送作業手伝ってもらえませんか。

　　B：あー、すみません。今、部長から頼まれたデータを入力しているので……。

例　A：断ってくれてもいいんだけど、週末うちの猫、預かってもらうわけにはいかない？

　　B：うーん、猫、大好きだから預かってあげたいんだけど、うち、子どもがアレルギー

　　　　だから……。

7. 許可を求める Asking permission 征求许可 Hỏi xin phép

（1）許可を求める Asking permission 征求许可 Hỏi xin phép

【前置き】

> すみません／申し訳ないんですが／お願いがあるんですが／
>
> 〜たいんだけど／〜たいんですが……

【許可を求める】

〜てもいい？／〜てもよろしいでしょうか
〜てもかまわない？／〜てもかまいませんか
〜できる？／〜できますか
〜させてもらえる？／〜させてくれる？／〜させてもらえませんか／ 〜させていただけませんか／〜させてもらえないでしょうか／ 〜させていただくことはできますか／〜させていただけるとありがたいんですが……

許可を求める時の前置き表現は、それだけで許可を求める表現になることがある。

The introductory phrase before asking for permission is itself sometimes used as the phrase asking for permission.

征求许可时的开场白不搭配其他词语就可以构成征求许可的表达方式。

Có khi bản thân các mẫu diễn đạt mở đầu khi xin phép trở thành mẫu diễn đạt để hỏi xin phép.

例　A：あのう、コピーを取りたいんですけど……。（コピー機を使ってもいいですか）

　　B：はい、どうぞお使いください。

（2）**許可する**　Giving permission　许可　Cho phép

（うん）、いいよ／（ええ）、いいですよ
どうぞ（〜てください）／どうぞおＶますください／ごＮください どうぞご遠慮なく
（〜なら）かまわないよ／かまいません（よ）
（〜なら）問題ないよ／問題ありません（よ）

（3）**断る**　Rejecting/refusing　拒绝　Từ chối

【前置き】

いや／ちょっと／すみません／〜させてあげたいんだけど……

断る時には前置き表現があり、それを聞けば「断り」だということがわかる。

An introductory phrase is used before a refusal. When you hear it, you will know that this is a refusal.

表达拒绝时有开场白，听到了开场白就明白了是"拒绝"的意思。

Khi từ chối, trong câu sẽ có mẫu diễn đạt mở đầu và người nghe sẽ biết được đó là "lời từ chối" khi nghe thấy mẫu diễn đạt này.

【断る】

（〜は）だめ（なん）です／困るんです（けど……）
〜はちょっと……
〜ないで（ね）／〜ないでください／〜ないでもらえますか／〜ないでいただけますか
〜はご遠慮ください
〜はできないんです／〜はできないことになっているんです

例　A：急で申し訳ないんですが、あした休ませ<u>ていただけませんか</u>。

　　B1：あした<u>なら</u>かまいませんよ。
　　B2：休ませ<u>てあげたいんだけど</u>……。

8. 義務／当然　Obligation/A matter of course　义务／理所当然　Nghĩa vụ / Chuyện đương nhiên

～べきだ／です
～べきではない／ありません

意見を述べる時によく使われる。

Often used when expressing an opinion.

常用于阐述观点时。

Thường được dùng khi nêu ý kiến.

例　私たちはこのプランを見直すべきです。

例　政府は国民の意見を無視するべきではない。

9. 助言する／提案する　Advising/Proposing　建议／提议　Khuyên bảo / Đề xuất

～た／～ない／Nのほうがいいんじゃない？／じゃないかな／じゃないでしょうか
～た／～ない／Nのほうがいいような気がするけど
～た／～ない／Nのほうがよろしいのでは（ないでしょうか）
～たら？／～たらどう？／～たらどうでしょう（か）
～たらいいんじゃないかな／じゃないでしょうか
～たらいいのではないかと……
～ばいいんじゃない？／じゃないかな／じゃないでしょうか
～（する）といいんじゃない？／じゃないかな／じゃないでしょうか
～（する）といいかもしれない／かもしれません
～（するの）は（どう）？／どうですか／どうでしょうか
いかがですか／いかがでしょうか

例　A：どこの大学に留学しようかな。

　　B：先生に相談してみたら？

例　A：先にお荷物をお預けになったほうがよろしいのでは……。

　　B：あ、そうだね。そうしよう。

例　A：新しい店には植物を飾ったらどうでしょうか。

　　B：それはいい考えですね。

10. 禁止する／苦情を言う Prohibiting/Complaining 禁止／抱怨 Cấm đoán / Than phiền

（1）禁止する Prohibiting 禁止 Cấm đoán

例　A：今日は、激しい運動は<u>お控えください</u>。

　　B：はい、わかりました。

例　A：写真撮影は、<u>ご遠慮いただいている</u>んですけど……。

　　B：あ、そうですか。わかりました。

（2）苦情を言う Complaining 抱怨 Than phiền

具体的な被害を言うことで、間接的に相手への要求を伝えることが多い。

A specific problem is often stated as a way to indirectly convey a demand.

多是通过描述具体的受害情况来向对方间接地表达自己的需求。

Người nói thường truyền đạt gián tiếp yêu cầu dành cho đối phương thông qua việc kể cụ thể về thiệt hại.

例　A：先日、そちらでかばんを買った<u>ん</u>ですけど。【話題導入】

　　B：はい。

　　A：一回使っただけで、穴があい<u>ちゃって</u>……。【具体的な被害】
　　　　（新しいのに交換してほしい）【相手への要求】

例　A：大野さん、ゴミのこと<u>なんですけど</u>、【話題導入】
　　　　ここに捨てられる<u>と</u>掃除が<u>大変なんですよ</u>。【具体的な被害】
　　　　（ここにゴミを捨てないでほしい）【相手への要求】

　　B：あ、すみません。

II. 意見を言う／反論する

II. 意見(いけん)を言(い)う／反論(はんろん)する　　Expressing an opinion/Making a counterargument　发表观点／反驳　Nêu ý kiến / Phản biện

（1）意見(いけん)を言(い)う　Expressing an opinion　发表观点　Nêu ý kiến

自分(じぶん)の意見(いけん)を言(い)う時(とき)に、まず**一般的(いっぱんてき)な意見(いけん)**を出(だ)し、それを**否定(ひてい)**したり、それを**根拠(こんきょ)**にしたりして**自分(じぶん)の意見(いけん)を言(い)う**ことがある。

One way of expressing an opinion is to first give a general opinion and then deny it or use it as a basis for your own opinion.

发表自己的观点时，有时会首先提出人们普遍接受的观点，再对这种观点进行否定、或以此为依据发表自己的观点。

Khi nêu ý kiến của bản thân, có khi người nói sẽ nhắc đến ý kiến chung trước, rồi phủ định nó hoặc nêu ý kiến của mình dựa trên ý kiến chung đó.

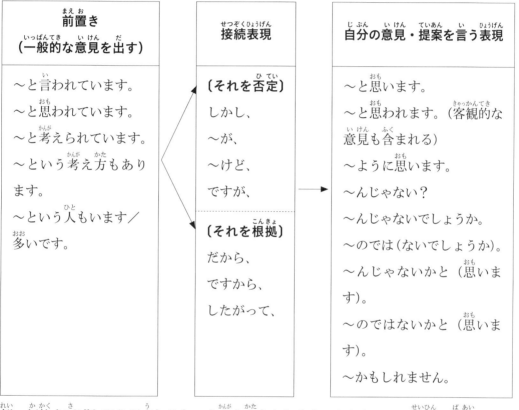

前置(まえお)き （一般的(いっぱんてき)な意見(いけん)を出(だ)す）	接続表現(せつぞくひょうげん)	自分(じぶん)の意見(いけん)・提案(ていあん)を言(い)う表現(ひょうげん)
〜と言(い)われています。 〜と思(おも)われています。 〜と考(かんが)えられています。 〜という考(かんが)え方(かた)もあります。 〜という人(ひと)もいます／多(おお)いです。	〔それを否定(ひてい)〕 しかし、 〜が、 〜けど、 ですが、 〔それを根拠(こんきょ)〕 だから、 ですから、 したがって、	〜と思(おも)います。 〜と思(おも)われます。（客観的(きゃっかんてき)な意見(いけん)も含(ふく)まれる） 〜ように思(おも)います。 〜んじゃない？ 〜んじゃないでしょうか。 〜のでは（ないでしょうか）。 〜んじゃないかと（思(おも)います）。 〜のではないかと（思(おも)います）。 〜かもしれません。

例　価格(かかく)を下(さ)げたほうが売(う)れる<u>という考(かんが)え方(かた)もあります</u>。**しかし**、この製品(せいひん)の場合(ばあい)は、そ
　　　　　　　　　　　　　　　前置(まえお)き（一般的(いっぱんてき)な意見(いけん)）
うではない<u>のではないでしょうか</u>。
　　　　　　　自分(じぶん)の意見(いけん)

例　最近(さいきん)、会社(かいしゃ)へ行(い)かないで仕事(しごと)をしたい<u>という人(ひと)が多(おお)くなっています</u>。**ですから**、都心(としん)
　　　　　　　　　　　　　　　　　　前置(まえお)き（一般的(いっぱんてき)な意見(いけん)）
から少(すこ)し離(はな)れた場所(ばしょ)に住宅(じゅうたく)を作(つく)ることを考(かんが)えてもいい<u>のではないかと思(おも)います</u>。
　　　　　　　　　　　　　　　　　　　　　　　　　　　　　　　　　　　　自分(じぶん)の意見(いけん)

例　若(わか)い人(ひと)は新(あたら)しいものを好(この)む<u>と思(おも)われている</u>**けど**、最近(さいきん)では古(ふる)いものへの関心(かんしん)が強(つよ)く
　　　　　　　　　　　　　　　前置(まえお)き（一般的(いっぱんてき)な意見(いけん)）
なっている<u>んじゃないかな</u>。
　　　　　　　自分(じぶん)の意見(いけん)

（2）**反論する**　Making a counterargument　反驳　Phản biện

反論する時には、まず相手の意見を一部認めたり、疑問を示したりする。

When making a counterargument, begin by partially accepting the other person's opinion or by expressing doubt.

反驳对方观点时，首先会部分接受对方的观点或者提出疑问。

Khi phản biện, trước tiên sẽ công nhận một phần ý kiến của đối phương hoặc đặt câu hỏi.

前置き（相手の意見を一部受け入れる／相手の意見に疑問を示す）	反論する表現
いい考えですけど、 それも悪くはないと思うんですが、 確かに（そうなんです）が／けど、 確かに（そうかもしれません）。しかし／でも／ただ、 そういう面もあるかとは思いますが、 おっしゃることはよくわかるのですが、 そうでしょうか。 それはどうでしょうか。	〜とは限らないんじゃないでしょうか。 必ずしもそうとは言えないんじゃないかと思います（が）。 〜はどうかと思います（けど）。 〜は難しいんじゃないかと思います。

例　そういう面もあるかとは思いますが、それが重要だとは限らないんじゃないでしょうか。

例　おっしゃることはよくわかるのですが、これ以上の値上げは難しいんじゃないかと思います。

例　確かに若者の好みを取り入れることは重要です。ただ、お年寄りの意見を無視するわけにはいかないんじゃないでしょうか。

12. 評価する Forming high/low opinions of~ 评价 Đánh giá

（1）プラス評価 Positive evaluation 正面评价 Đánh giá tích cực

〔相手やほかの人をほめる〕 Complimenting others 表扬对方或者其他人 Khen đối phương hoặc người khác

---

文句のつけようがない／言うことなし／よくできている／ばっちりだ／大したものだ／

さすがだ／Ｖたかいがあった／なかなかだ／なかなかいい／見違えた／完璧だ／

努力のあとが見える／～の成果が出ている／好感が持てる／（服が）似合っている

ほめられた場合、否定して謙遜することもあるが、相手が友達の場合などは肯定したりお礼を言ったりすることもある。友達同士、または目上の人が目下の人をほめることが多い。

If someone is complimented, he/she may deny it out of modesty, but if the compliment is paid by a friend, he/she might agree or thank the friend. Compliments are common among friends or often paid by someone of higher status or age to someone of lower status or age.

在受到别人表扬时，有时可以做出否定的回答表示谦虚，但如果对方是朋友之类的话，可以接受对方的表扬或者表示感谢。朋友之间经常相互表扬，上司或尊长也经常表扬部下或晚辈。

Khi được khen, có lúc người nói sẽ tỏ ý khiêm tốn bằng cách phủ nhận nhưng trường hợp đối phương là bạn bè v.v thì cũng có lúc sẽ nhận hoặc nói lời cảm ơn. Thường là bạn bè khen nhau hoặc người vai trên khen người vai dưới.

〔こたえる〕 Replying 回答 Đáp lại

【謙遜】	【肯定】
え、そんなことないよ	ほんと？　ありがとう
いえいえ、そんな（ことないです）	いいでしょう／いいだろう*
いいえ、とんでもない	そうでしょう／そうだろう*
	ありがとうございます

*男性的な表現

例　A：スピーチ、よかったよ。練習したかいがあったね。

　　B：ほんと？　ありがとう。ちょっと間違えちゃったんだけどね。

例　A：Bさん、今日のプレゼンテーション、文句のつけようがなかったよ。

　　B：部長にいろいろご指導いただき、事前に準備できたおかげです。

〔一般的に言われている評価を表す〕 Expressing a generally held view 表述社会上公认的评价 Thể hiện sự đánh giá chung

---

評価を得ている／評価されている／評判がいい／評判だ

例　この作品は世界的に評価されている。（＝評価が高い）

例　今、この映画が評判だ。（＝評判がいい）

（2）**マイナス評価** Negative evaluation　负面评价　Đánh giá tiêu cực

ひどい／がっかりした／どうしようもない／どうにもならない／評判が悪い／

大したことない／いまいちだ／いまひとつだ／まだまだだ／期待したほどじゃない／

思ったほどじゃない／それほどでもない／〜が乏しい／〜に欠ける／

〜が足りない／物足りない／〜すぎる／否定的な声が多い／不満の声が聞かれる／

（ほかの人が）渋い顔をしている

例　山田さん、前回はよかったのに、今回の発表はいまひとつだったね。

例　山村監督の新作映画、大したことなかった。（＝それほどよくなかった）

例　今日の会議で社長が渋い顔をして川上さんの意見を聞いていたよ。（＝社長は川上さんの意見をいいと思っていない）

13. 後悔する／残念に思う   Expressing regret/disappointment　后悔／觉得遗憾　Hối hận / Tiếc nuối

（1）自分の行動を後悔する

Regretting your own actions

对自己的行为感到后悔

Hối hận về hành động của bản thân

後悔する表現

～ばよかった（な）

～たかった（な）

～べきだった（な）

～べきじゃなかった（な）

～た／ないほうがよかった（な）

～んだった（な）

例　パソコンを持ってくればよかったな。［実際には持ってこなかった］

例　ぼくも行きたかったな。［実際には行かなかった］

例　もっと早くみんなに知らせるべきだった。［実際には早く知らせなかった］

（2）ほかの人の行動について話し手が残念に思う

Speaker expressing disappointment with someone else's actions

说话人对别人的行为感到遗憾

Người nói thấy tiếc nuối về hành động của người khác

残念に思う表現

～ばよかったのに（ね）

～べきだったのに（ね）

～べきじゃなかったのに（ね）

～た／ないほうがよかったのに（ね）

例　チンさんも来ればよかったのに……。［実際にはチンさんは来なかった］

例　あんなことを言うべきではなかったのに……。［実際には言った］

14. 実際には起きなかったことを表す表現

Expressions for things that have not actually happened

叙述实际并未发生的事情的表达方式

Mẫu diễn đạt chỉ việc đã không xảy ra trong thực tế

予想、予定と違う結果を表す表現。「～そうだった」「～ところだった」のように、た形が使われる。この表現のあとに「が／けど／でも」などが続き、後ろの文で、それが実際には起こらなかった、しなかったと述べられることが多い。

An expression used to describe a result that is different from what was expected or planned. The ta-form such as "～そうだった" and "～ところだった" is used in these expressions, followed by "が／けど／でも," etc. The following sentence often states that what was expected actually did not happen or was not done.

叙述与预想、原计划不同的结果的表达方式。像"～そうだった""～ところだった"那样使用"た"形，后面接"が／けど／でも"等。后面的句子多叙述那些预想、原计划实际上没有发生或者没有做。

Là mẫu diễn đạt thể hiện kết quả khác với dự đoán, dự định. Thể た được dùng, như "～そうだった", "～ところだった". Sau những mẫu diễn đạt này thường là "が／けど／でも" v.v. và ở câu sau sẽ nói rằng trong thực tế việc đó đã không xảy ra, đã không được làm.

（1）V－ますそうだった／そうになった
例　遅刻し<u>そうだった</u>けど、何とか間に合った。（＝遅刻しなかった）

（2）V辞書形ところだった
例　もう少しでトラックとぶつかる<u>ところだった</u>。（＝ぶつからなかった）

（3）V意向形とした
例　電車を降りよう<u>とした</u>んですが、混んでいてドアのところまで行けなくて……。（＝電車を降りられなかった）
例　お兄ちゃんのケーキを食べよう<u>としたけど</u>／食べよう<u>としたら</u>、見つかっちゃって……。（＝ケーキは食べなかった）

（4）V意向形と思っていた／思った
例　今、こちらからお電話しよう<u>と思っていた</u>んです……。（＝自分から電話しなかった）
例　一緒に食べよう<u>と思った</u>のに……。（＝一緒に食べられなくなった）

（5）V辞書形／ない／たつもりだった
例　帰国しない<u>つもりでした</u>。でも、母の病気が心配で、帰ることにしたんです。（＝帰国した）
例　財布をかばんに入れた<u>つもりだった</u>のに……。（＝入れていなかった）

（6）V辞書形／ないはずだった
例　今日は山田さんも来る<u>はずだった</u>んです。（＝山田さんは来なかった）

どちらの意味ですか。

🔊193　1　a. 行った　　　　　　　b. 行かなかった

🔊194　2　a. たぶん行く　　　　　b. たぶん行かない

🔊195　3　a. 見た　　　　　　　　b. 見なかった

🔊196　4　a. 返信した　　　　　　b. 返信しなかった

🔊197　5　a. 出席した　　　　　　b. 出席しなかった

🔊198　6　a. 出席した　　　　　　b. 出席しなかった

🔊199　7　a. 送った　　　　　　　b. 送っていない

🔊200　8　a. 忘れた　　　　　　　b. 忘れなかった

🔊201　9　a. 上げた　　　　　　　b. 上げなかった

15. 次に何が来るか予測できる表現

Keywords by which the listener can predict what the speaker is going to say

提示下文内容的词语

Mẫu diễn đạt báo trước điều gì sẽ được nói tiếp

（1）**実は**：今まで言っていなかったことを初めて言う時や、大事なことを言う時に使う

> Used when you first say something you have not said before or something important.
>
> 用于首次提出之前没有提及的或者重要的事情时
>
> Dùng khi lần đầu đề cập đến điều chưa từng nói trước đó, hoặc khi nói về chuyện quan trọng

例 あしたの発表のことなんですが、実は、風邪をひいて、大きい声が出ないので、来週にしていただけませんか。

（2）**それが**：予想と違うことが起きた時に使う

> Used to explain something you had not predicted happened.
>
> 用于发生了与预想不同的事情时
>
> Dùng khi xảy ra việc khác với dự đoán

例 A：あしたの発表、大丈夫ですね？

B：それが……、風邪をひいてしまって、大きい声が出ないんです。来週にしていただけませんか。

（3）**やっぱり（やはり）**：すぐ前に言っていたことや意見を変える時に使う

> Used to change what you said immediately before or your opinion.
>
> 用于改变刚说过的话或者观点时
>
> Dùng khi thay đổi điều vừa nói ngay trước đó hoặc thay đổi ý kiến

例 A：次のミーティング、水曜日3時からでいいですね。

B：あの、できれば木曜日のほうがいいんですけど……。

A：ああ、木曜でも大丈夫ですよ。あ、すみません。その日は用事があるんだった。やっぱり水曜日の3時にしてもらえますか。

※「やっぱり（やはり）」は元々「思ったとおり、前に言ったとおり、ほかと同じように」という意味。

例 山田さんはいつも遅刻する。今日もやはり遅れてきた。

会議や話し合いなどで何かを決めている会話では、たくさん意見が出てくるよね。「**やっぱり**」が出てきたら、すぐ前に話していたことよりもっと前に出ていた意見に戻るんだ。それが答えになることが多いよ。

（４）**それより／そんなことより**：すぐ前に言っていたことよりも大事なことを言う時に使う

Used to say something more important than what was said immediately before.

用于叙述比刚说过的话更重要的事情时

Dùng khi nói về điều quan trọng hơn điều vừa nói ngay trước đó

例　A：プレゼン資料の修正、早くやったほうがいいですよね。すぐ始めます。

　　　B：そうね。あ、それより、お客様のクレーム対応、お願い。プレゼン資料はあとでいいから。

（５）**〜はともかく（として）…**：

〜は今考える対象から外し、…を先に決めたり考えたりする時に使う

Used when excluding 〜 from current consideration and instead deciding or considering … first.

用于暂且不考虑〜而优先决定或者考虑…时

Dùng khi loại bỏ 〜 ra khỏi đối tượng suy nghĩ trong hiện tại để quyết định hoặc suy nghĩ về … trước

例　予算のことはともかくとして、まず日にちを決めましょう。

（６）**つまり**：前に言ったことを言い換える、または、結論を言う前に使う

Used to restate something that has been said in a different way, or before stating a conclusion.

用于对之前说过的话转换说法，或者阐述结论前

Dùng khi nói lại điều đã nói phía trước bằng từ ngữ khác hoặc trước khi nêu kết luận

例　ホウレンソウ、つまり報告、連絡、相談を忘れないでくださいね。

例　いろいろ申しましたが、つまり、答えは一つではないということです。

（７）**ただ**：前に言ったことについて、例外や補足を言う時に使う

Used when stating an exception or additional information to what was said previously.

用于对之前说过的话提出例外情况或者进行补充时

Dùng khi nói về ngoại lệ hoặc bổ sung thêm cho điều đã nói phía trước

例　この店、本当にいい店だよ。ただ、値段がちょっとね……。

（８）**もっとも**：「ただ」と大体同じ意味だが、少し硬い表現

Basically the same meaning as "ただ," but slightly more formal.

和"ただ"意思大致相同，但是书面语色彩稍强

Mẫu diễn đạt có nghĩa tương tự như "ただ" nhưng trang trọng hơn một chút

例　料理って、自分でやってみるとおもしろいですね。もっとも私は簡単なものしか作りませんが。

（9）（あ、）そうだ：何かを思い出した時、新しいアイデアを思いついた時に使う

Used when remembering something or coming up with a new idea.

用于想起某事或者想出新的创意时

Dùng khi nhớ ra điều gì, khi nghĩ ra được ý tưởng mới

例　<u>あ、そうだ</u>、山田さんも誘ってみよう。

（10）（あ、）そうそう：何かを思い出した時に使う

Used when remembering something.

用于想起某事时

Dùng khi nhớ ra điều gì

例　牛乳と卵買ってきて。<u>あ、そうそう</u>、パンもお願い。

（11）（あ、）いけない：失敗したこと、失敗しそうなことに気づいた時に使う

Used when noticing that you have failed or are about to fail.

用于发现做错了或者差点儿做错了某事时

Dùng khi nhận ra sai lầm đã hoặc sắp phạm phải

例　<u>あ、いけない</u>。鍵忘れちゃった。

例　<u>あ、いけない</u>。遅れそうだ。

16. 複雑な言い方 More complicated ways of saying something 复杂的说法 Cách nói phức tạp

しかたなくする（ほかに方法がない）

Being forced to do something (having no choice) 没办法只好做（没有其他方法） Bắt buộc phải làm (ngoài ra không còn cách nào khác)

～ざるをえない	やらざるをえないね。（＝やらなければならない）
～しかない	あきらめるしかない。（＝あきらめなければならない）

強調 Emphasis 强调 Sự nhấn mạnh

～てたまらない	悲しくてたまらない。（＝とても悲しい）
～に違いない	彼は知っているに違いないよ。（＝きっと知っている）
～わけ（が）ない	彼がそんなことをするわけがない。（＝絶対にしない）
～はず（が）ない	彼がそんなことを言うはずがない。（＝絶対に言わない）
～ずにはいられない	言わずにはいられないなあ。（＝どうしても言ってしまう）

不可能 Being impossible 不可能 Điều bất khả thi

～わけにはいかない	黙っているわけにはいかない。（＝黙っていることはできない）
～ようがない	連絡先がわからないから、連絡しようがない。（＝連絡できない）

婉曲な（はっきりと言わない間接的な）表現

indirect/vague expressions 婉转的（不明说的、间接的）表达方式 Mẫu diễn đạt uyển ngữ (mang tính gián tiếp chứ không nói thẳng ra)

～ということはない	行けないということはない。（＝無理すれば行ける）
～ないわけではない	できないわけではない。 （＝場合によってはできる）
～なくはない	あしたまでにできなくはない。（＝無理すればできる）
～わけではない	好きなわけではない。（＝特に好きではない）
～というわけでもない	あの人は親切というわけでもない。（＝特に親切ではない）
～ないこともない	わからないこともないね。（＝少しはわかる）

リスト

16

複雑な言い方

87

条件 Conditions 条件 Điều kiện	
〜てからしか〜ない	試してからしか買わない。（＝試してから買う）
〜さえ〜ば	数字さえ直せば、問題ないよ。 （＝数字だけ直したら、問題ない）
〜ないと／〜ないんじゃ、〜ない	彼が参加しないんじゃ、意味ないよ。 （＝彼が参加することに意味がある）
〜ないことには	実際に見ないことには……。（＝見ないとできない）
〜てからでないと	宿題をしてからでないと、遊びに行けない。 （＝宿題が終わったら、遊びに行ける）

⇨腕試し　答えは別冊89ページ

話している人は、aとbのうちでどちらに近い意味のことを言っていますか。

🔊202　1　a. できる　　　　　　　b. できない

🔊203　2　a. 見なくてもいい　　　b. どうしても見てしまう

🔊204　3　a. 認める　　　　　　　b. 認めない

🔊205　4　a. 来る　　　　　　　　b. 来ない

🔊206　5　a. やってみないと（わからない）　　b. やらなくても（わかる）

🔊207　6　a. きっと林さんだ　　　b. 林さんではない

🔊208　7　a. 絶対に上手だ　　　　b. 絶対に上手ではない

🔊209　8　a. 時間がある　　　　　b. 時間がない

🔊210　9　a. 無視しなければならない　　b. 無視することはできない

🔊211　10　a. 調べたあとでする　　b. 調べる前にする

🔊212　11　a. スマホだけで申し込める　　b. スマホだけでは申し込めない

🔊213　12　a. 早く行けば、もらえる　　b. 早く行っても、もらえない

17. 副詞 Adverbs 副词 Phó từ

わからないことばは
調べておこう！

〔気持ち〕
●：主にスピーチ・講演などで使われるかたい表現

ことば	例	訳
あいにく	あいにくMサイズは売り切れてしまいまして……。	
恐らく	恐らく彼は来るだろう。	
かえって	タクシーに乗ったら、かえって時間がかかった。	
さすが（に）	さすがオリンピック選手だ。速い。	
せっかく	せっかくここまで来たから、食事でもどう？	
せめて	せめて5分でも話ができればいい。	
何となく	猫のことが何となく気になっていた。	
むしろ	新しい物より古い物のほうがむしろいい。	

〔行動〕

一応	集合場所が合っているか、一応、電話してみる。	
うっかり	うっかりかさを忘れてしまった。	
思い（っ）きり	試験が終わったら思いっきり遊びたい。	
つい	スマホをつい見てしまう。	
ともかく・とにかく	ともかく新しいやり方でやってみよう。	
とりあえず	とりあえずこれで問題はないだろう。	
ふと	忘れ物をしたことにふと気づいた。	

リスト

17

副詞

〔程度〕

これほど	これほど大きいとは思わなかった。	
少なくとも	少なくとも一万円はかかる。	
せいぜい	夏休みでもせいぜい３日しか休めない。	
相当	あの車は相当高いと思う。	
だいぶ	風邪はだいぶよくなった。	
多少	多少問題があってもいい。	
●ほぼ	席はほぼ満員です。	
●やや	希望者がやや増えてきた。	
わりと・わりに	試験はわりとやさしかった。	

〔変化〕

●一段と	歌が一段とうまくなった。	
●一層	台風で風が一層激しくなった。	
●次第に	温度が次第に下がってきた。	
●徐々に	徐々に売り上げが上がってきた。	

〔時間〕

●いずれ	いずれ連絡があるはずです。	
●一時	一時、日本を離れていた。	
一度に	一度にそんなに読めない。	
●一斉に	みんな一斉に拍手をした。	
いつの間にか	いつの間にか休みが終わってしまった。	
さっさと	さっさと片づけなさい。	
早速	早速箱を開けてみた。	
●至急	至急お返事をお願いします。	
●すでに	その本はすでに読んだ。	
そのうち（に）	そのうちに帰ってくるよ。	
●直ちに	直ちに全員集合してください。	
とっくに	会議はとっくに始まっている。	

〔頻度〕

●しばしば	しばしば話題になる。	
しょっちゅう	彼はしょっちゅう休む。	
●たえず	たえず車の音が聞こえる。	
●たびたび	たびたび連絡してくる。	
●常に	常に健康に注意している。	
年中	コンビニは年中営業している。	

〔決まった表現が来る副詞〕

必ずしも〜ない	優等生が必ずしも成功するわけではない。	
ぜひ〜てください／ 〜たい／〜てほしい	日本に来たら、ぜひ連絡してください。 ぜひ実現させたいですね。	
たいして〜ない	評判はたいしてよくない。	
たとえ〜ても	たとえ100万円もらってもいやだ。	
どうせ〜ない／だ めだ	どうせ頑張っても1位にはなれない。	
何とも〜ない	彼女が来るかどうか何とも言えない。	
●果たして〜だろ うか	この計画が果たして実現するだろうか。	
ひょっとすると／し たら〜かもしれない	ひょっとしたらうまくいくかもしれない。	
まさか〜ないだろう	まさか優勝することはないだろう。	
万が一〜ても／〜 たら	万が一先生が遅れても、パーティーは始め ます。	
めったに〜ない	こんなに晴れることはめったにない。 彼はめったに怒らない。	

〔似ているが、違うことば〕

ただ	この公園はただ広いだけで何もないね。	
たった	たった3人しか来なかった。	
たまたま	たまたまその店にいた。	
たまに	たまにレストランで食事をする。	
できるだけ	できるだけ頑張ります。	
できれば	できれば今日中にレポートを完成させてほしいんだ。	
何だか	話を聞いていると、何だか楽しみになってきた。	
何とか	何とかしめきりに間に合ったよ。	
また	あしたまたお電話します。	
または（接続詞）	黒いペン、または鉛筆で書いてください。	
わざと	わざと負けたんじゃないよ。	
わざわざ	わざわざいらしていただく必要はありません。	

18. オノマトペ Onomatopoeia　拟声拟态词　Từ tượng hình/tượng thanh

わからないことばは
調べておこう！

〔人の動き〕

ことば	例	訳
きっぱり	きっぱりと断る。	
ぎりぎり	時間ぎりぎりで間に合った。	
さっさと	さっさと仕事をする。	
さっと	さっと読む。	
ざっと	ざっと読む。	
じっくり	じっくりと考える。	
じっと	じっと見る。	
	じっとしている。	
ずばり	ずばりと欠点を言われた。	
そっと	そっと家を出る。	
ちらりと	ちらりと見る	
どっと	皆がどっと笑う。	
にこにこ	にこにこ笑う。	
にっこり	にっこり笑う。	
にやにや	にやにや笑う。	
ばったり	駅で友達にばったり会った。	
	選手はゴールすると、ばったり倒れた。	
ぶつぶつ	ぶつぶつ言う。	

〔気分・心・体の状態〕

いらいら	渋滞で、いらいらした。	
くたくた	歩き続けて、くたくただ。	
くっきり	くっきり見える。	

ぐったり	高い熱が出て、ぐったりしている。	
くよくよ	失敗して、くよくよする。	
さっぱり	シャワーを浴びて、さっぱりする。	
すっきり	気持ちがすっきりする。	
そわそわ	朝からそわそわしている。	
どきどき	胸がどきどきする。	
どきりと	運転中、突然人が出てきて、どきりとする。	
はらはら	この映画は、はらはらどきどきの連続だ。	
ふらふら	熱で、ふらふらする。	
へとへと	試験を受けて、へとへとだ。	
ぼんやり	ぼんやりしていて忘れ物をした。	
むかむか	お酒を飲みすぎてむかむかする。	
わくわく	あしたはお祭りなので、わくわくしている。	

〔ものの様子〕

あっさり	この料理はあっさりした味だ。	
ぎっしり	本がぎっしり入っている。	
ごちゃごちゃ	机の上がごちゃごちゃだ。	
しんと／しーんと	図書館はしんとしている。	
すっきり	この建物はデザインがすっきりしている。	
そっくり	あの子は父親にそっくりだ。	
たっぷり	このかばんは荷物がたっぷり入る。	
ぴたりと	車がぴたりと止まる。	
ひっそり	夜の学校はひっそりしている。	
ぴったり	このバッグはこの服にぴったりだ。	
ふわふわ	パンがふわふわだ。	
ぼろぼろ	この靴は古くて、ぼろぼろだ。	
めちゃくちゃ	計画がめちゃくちゃになる。	

各回のイラスト

1回目　さっぽろ雪まつり　（北海道）

2回目　ばんえい競馬　（北海道）

3回目　牧場　（北海道）

4回目　りんご　（青森県）

5回目　青森ねぶた祭　（青森県）

6回目　わんこそば　（岩手県）

7回目　南部鉄器　（岩手県）

8回目　きりたんぽ　（秋田県）

9回目　なまはげ　（秋田県）

10回目　伊達政宗　（宮城県）

11回目　仙台七夕まつり　（宮城県）

12回目　将棋の駒　（山形県）

13回目　山形花笠まつり　（山形県）

14回目　赤べこ　（福島県）

15回目　福島わらじまつり　（福島県）

著者

大木 理恵（おおき りえ）
　　東京外国語大学、帝京大学　非常勤講師、明治大学　兼任講師

中村 則子（なかむら のりこ）
　　早稲田大学　非常勤講師

田代 ひとみ（たしろ ひとみ）
　　明治大学　兼任講師、相模女子大学　非常勤講師

初鹿野 阿れ（はじかの あれ）
　　帝京大学　教授

翻訳

英語　株式会社アーバン・コネクションズ
中国語　鄭文全
ベトナム語　Lê Trần Thu Trúc

イラスト

広野りお

装丁・本文デザイン

梅津由子

JLPT 聴解 N2 ポイント&プラクティス

2024 年 1 月 16 日　初版第 1 刷発行

著　者　　大木理恵　中村則子　田代ひとみ　初鹿野阿れ
発行者　　藤嵜政子
発　行　　株式会社スリーエーネットワーク
　　　　　〒102-0083　東京都千代田区麹町 3 丁目 4 番
　　　　　　　　　　　トラスティ麹町ビル 2 F
　　　　　電話　営業　03（5275）2722
　　　　　　　　編集　03（5275）2725
　　　　　https://www.3anet.co.jp/
印　刷　　三美印刷株式会社

ISBN978-4-88319-938-9　C0081

日本語能力試験対策問題集

JLPT
聴解
N2
ポイント
&
プラクティス

別冊
べっさつ

スクリプトと解答・解説
かいとう　かいせつ

Scripts, answers, and explanations
听力原文和答案・解析
Văn bản nghe và đáp án, giải thích đáp án

スリーエーネットワーク

1番　　正解　2　　　　　　　　　　　　　　　　　　　　　　　　　p.5

スクリプト　🔊3

電話で女の人と男の人が話しています。女の人はこのあとまず何をしますか。

女：はい、営業部です。

男：斎藤さん、高木です。急ぎで悪いんだけど、今斎藤さんにメールで送った書類、印刷して会
　　　　　　　　　　　　　　　　　6.依頼(前置き)
　議室に持ってきてくれないかな。
　　　　　　　　6.依頼

女：メールですか。はい、わかりました。あ、これですね。……あ、パスワードかかってますけど。

男：あ、ごめんごめん、パスワード、ぼくの電話の内線番号。

女：高木さんの内線番号って、どれだどれだ。……あ、ありました。8401と。

男：開けた？

女：はい。

男：じゃ、それを3人分お願いします。
　　　　　　　　　　　6.依頼

女：わかりました。

男：じゃ、頼むね。
　　　　6.依頼

女の人はこのあとまず何をしますか。

解説

男の人は女の人に、書類を印刷して会議室
に持ってくるように頼んだ。女の人はパス
ワードを教えてもらって書類のファイルを
開くことができたので、これから印刷する。

The man asked the woman to print the document and bring it to the meeting room. The woman has already gotten the password to open the file, so now she can print it out.

男子拜托女子把文件打印之后拿到会议室。女子得知密码之后打开了文件，所以接下来要去打印。

Người nam đã nhờ người nữ in tài liệu rồi mang đến phòng họp. Vì người nữ đã được cho biết mật khẩu và mở được tập tin chứa tài liệu nên bây giờ sẽ in ra.

スクリプト 🔊4

電話で男の人と女の人が話しています。男の人はこのあとまず何をしなければなりませんか。

女：もしもし、竹内さん？　安田です。

男：あ、安田さん、おはようございます。

女：あのう、今日、ちょっと体調が悪くて、出勤できそうにないんです。

男：あ、そうですか。大丈夫ですか。

女：はい。で、申し訳ないんですが、ちょっとお願いしてもいいですか。
　　　　　　　　　　　　　　　　　　　　　　6. 依頼（前置き）

男：はい、もちろん。

女：今日、山中部長に書類を提出することになっていて。昨日、印刷して、私の机の上の黄色

　　いファイルに入れておいたんですが……。

男：あ、ありました。これを山中部長にお渡しすればいいんですね。

女：ええ。部長は今日の昼ごろシンガポールから帰国されるので、3時すぎには、会社に
　　　　　　　　　　　　　　　　　　　　　　　　　　2. 敬語【尊】
　　いらっしゃると思います。
　　　　2. 敬語【尊】

男：わかりました。お渡ししておきます。
　　　　　　　　2. 敬語【謙Ⅰ】

女：それから、今日の12時からのランチミーティング、欠席することを営業部の高村さんに

　　伝えていただけますか。さっき電話したんですが、通じなくて……。お弁当の数を減らして
　　　6. 依頼　2. 敬語【謙Ⅰ】

　　もらわないといけないので、必ずお願いします。
　　　　　　　　　　　　　　　　　6. 依頼

男：わかりました。こちらは大丈夫ですから、今日はゆっくり休んでください。何かありまし

　　たら、ご連絡しますので。
　　　　　2. 敬語【謙Ⅰ】

女：はい。どうぞよろしくお願いします。

男の人はこのあとまず何をしなければなりませんか。

女の人は書類を部長に渡すことと、ランチミーティングのお弁当の数を減らすために営業部に連絡することを頼んだ。ランチミーティングは12時から、部長は午後3時に会社に来るので、まず、営業部の人に連絡する。

2　部長は午後3時すぎに会社に来るので、それまで渡すことができない。

3　書類は女の人が昨日印刷したので、男の人は印刷しない。

4　お弁当の数が減ることは、営業部の高村さんに伝える。弁当屋にではない。

The woman asked the man to hand the document to the manager and to request the sales department to reduce the number of lunch boxes for the meeting. The meeting starts at noon and the manager returns to the office at 3 pm, so he will contact the sales department first.
2　The manager will not be at the office until 3 pm, so he can't be given the document until then.
3　The woman printed out the document yesterday, so the man doesn't have to print it out.
4　About the number of lunch boxes, the man will tell Takamura-san of the sales department, not the bento store.

女子拜托了两件事，把文件交给部长和联系销售部减少午餐会议便当的数量。午餐会议12点开始，部长下午3点来公司，所以首先要联系销售部。
2　部长下午过了3点才会来公司，所以在那之前无法转交文件。
3　文件女子昨天已经打印了，所以男子不打印。
4　减少便当数量这件事要报告给销售部的高村，而不是便当店。

Người nữ nhờ đưa tài liệu cho trưởng phòng và liên lạc phòng Kinh doanh để giảm số hộp cơm cho buổi họp ăn trưa. Buổi họp ăn trưa bắt đầu lúc 12 giờ còn trưởng phòng sẽ đến công ty lúc 3 giờ chiều nên trước tiên người nam sẽ liên lạc phòng Kinh doanh.
2　Sau 3 giờ chiều trưởng phòng mới đến công ty nên không thể đưa trước đó được.
3　Người nữ đã in tài liệu ngày hôm qua nên người nam không in nữa.
4　Chuyện giảm số hộp cơm là báo với Takamura ở phòng Kinh doanh, không phải với tiệm bán cơm hộp.

3番　　正解　3　　　　　　　　　　　　　　　　　　　p.5

スクリプト 🔊5

病院の受付で、男の人が受付の人と話しています。男の人はクリニックに何時までに戻らなければなりませんか。

男：すみません。

女：こんにちは。診察券をお願いします。

男：はい。

女：ありがとうございます。では、この番号札をお持ちください。今、混んでいて、1時間半ぐ
　　　　　　　　　　　　　　　6. 依頼　2. 敬語【尊】
　　らいお待ちいただきますが……。
　　　　2. 敬語【謙Ⅰ】

男：ええっ、1時間半ですか。えーと、今10時だから、11時半ですか。

女：そうですね。ずっとここにいらっしゃらなくても、大丈夫ですよ。買い物に行かれるとか。
　　　　　　　　　　　　2. 敬語【尊】　　　　　　　　　　　　　　2. 敬語【尊】

男：そうですか。じゃ、そうします。

女：ただ、外に行かれる場合は10分ぐらい前にお戻りいただけますか。診察が早く進んでしまう
　　15. 予測　2. 敬語【尊】　　　　　　　　　　6. 依頼　2. 敬語【謙Ⅰ】
　　こともありますので。お名前をお呼びした時、いらっしゃらないと最後に回されてしまいます。
　　　　　　　　　　　　　2. 敬語【謙Ⅰ】　　　　2. 敬語【尊】

男：そうですか。

女：あ、うちのクリニックのウェブサイトで、今何番の人を診察しているかチェックできますよ。

男：あ、でも、そういうの、よくわからないので、その時間に戻ります。

男の人はクリニックに何時までに戻らなければなりませんか。

解説

「今」は 10 時。女の人は「1 時間半ぐらいお待ちいただきます（＝待ってもらいます）」と言っているので、男の人が呼ばれるのは、1 時間半後の 11 時 30 分。しかし、「（診察時間の）10 分ぐらい前にお戻りいただけますか」と言われたので、11 時 20 分に戻る。

Now it's 10 am. The woman says, "1 時間半ぐらいお待ちいただきます (i.e., I need you to wait about 1 hour and a half)," so he will be called at 11:30 am, which is 1.5 hours later. However, he is also asked to "(診察時間の) 10 分ぐらい前にお戻りいただけますか (Will you please return 10 minutes before (the expected time)?)" so he has to come back at 11:20 am.

"现在"是 10 点。女子说"1 時間半ぐらいお待ちいただきます (= 请等候)"，所以一个半小时之后的 11 点 30 分男子才会被叫到。但是男子又被告知"（診察時間の）10 分ぐらい前にお戻りいただけますか (能提前 10 分钟（就诊时间）返回吗)"，所以他是 11 点 20 分返回。

"Hiện tại" là 10 giờ. Vì người nữ nói "1 時間半ぐらいお待ちいただきます (= vui lòng đợi)" nên người nam sẽ được gọi tên sau đó 1 tiếng rưỡi, tức là 11 giờ 30 phút. Tuy nhiên, vì được dặn là "(診察時間の) 10 分ぐらい前にお戻りいただけますか (Xin quay lại trước (giờ khám) khoảng 10 phút)" nên người nam sẽ quay lại lúc 11 giờ 20 phút.

2 回目

| 1 番　　正解　2 | | p.8 |

スクリプト 🔊8

男：駅前のラーメン屋、まだ開いてるかなあ。

女：1　え？　そうなの？　よかった。

　　2　閉まってたら、カレーにしよう。

　　3　今から開ければ大丈夫だよ。

解説

男の人は、ラーメン屋が開いているかどうかわからない。女の人は、それを聞いて店が閉まっていた場合の別の選択肢を提案した。

The man is not sure if the ramen shop is still open. Hearing this, the woman suggested another option in case it is closed.
1　Used when feeling relieved to know that the shop is open.
3　It is the shopkeeper who opens the shop. The man and the woman can't open the shop.

男子不知道面馆是否还开门。女子听到这个之后提出了一个建议，如果那家店关门的话可以做的别的选项。
1　用于知道店还开门心里踏实了时。
3　开门的是店里的人。男子和女子无法开门。

1　店が開いていることがわかって安心した時に使う。

3　店を開けるのは店の人。男の人と女の人は開けることができない。

Người nam không biết quán ramen có mở cửa hay không. Người nữ nghe vậy và đề xuất lựa chọn khác trong trường hợp quán đóng cửa.
1　Dùng khi biết rằng quán vẫn mở cửa nên yên tâm.
3　Việc mở cửa quán là của nhân viên quán. Người nam và người nữ không tự mở được.

2番　正解　3　　　　　　　　　　　　　　　　　　　p.8

スクリプト 🔊9

女：広田さん、この書類、課長のところに持っていってほしいんだけど……。
　　　　　　　　　　　　　　　　　　　　　　　6. 依頼

男：1　はい、どうぞ、お持ちください。
　　　　　　　7. 許可(2)　2. 敬語【尊】

　　2　行ってくださるんですか。
　　　　　2. 敬語【尊】

　　3　すみません。今から会議なので……。
　　　　　　6. 依頼(3)断る

解説

「持っていってほしいんだけど」は「持っていってください」という意味の依頼の表現。男の人は、今から会議があるという理由で断っている。

1　「この書類がほしい」と言う人に対して、持っていくことを許可する表現。

2　相手の申し出（「〜しましょうか」など）に対して確認する表現で、依頼に対しては使わない。

"持っていってほしいんだけど" is an expression for making a request and means "持っていってください." The man refuses the request because he has a meeting now.
1　An expression to permit someone who says, "この書類がほしい" to take it.
2　An expression to confirm someone's offer (such as "〜しましょうか"), and not used to respond to someone's request.

"持っていってほしいんだけど" 意思是 "持っていってください"，是表达请求的表达方式。男子以现在开会这一理由拒绝了对方的请求。
1　这个表达方式是对说 "この書類がほしい" 的人，许可他拿走。
2　是对对方的提议（"〜しましょうか"等）进行核实的表达方式，不能用来回答请求。

"持っていってほしいんだけど" là mẫu diễn đạt nhờ và mang nghĩa "持っていってください". Người nam từ chối với lý do sắp đi họp.
1　Là mẫu diễn đạt cho phép mang đi, đáp lại người nói "この書類がほしい".
2　Vì đây là mẫu diễn đạt xác nhận để đáp lại đề nghị của đối phương ("〜しましょうか" v.v.) nên không dùng để đáp lại lời nhờ và.

3番　正解　2　　　　　　　　　　　　　　　　　　　p.8

スクリプト 🔊10

女：ソンさん、悪いんだけど、あしたの研修会の司会、代わりにやってくれないかな。
　　　　　　　　6. 依頼(前置き)　　　　　　　　　　　　　　　　　　　　　　6. 依頼

男：1　え？　あした、研修会ないんですか。

　　2　うーん。ぼくに代わりができるかなあ。

　　3　山下さんが代わりに司会するんですか。

女の人は、研修会の司会を男の人（＝ソンさん）に代わってほしいと頼んでいる。「ぼくに代わりができるかなあ」は、自分ができるかどうか心配している表現。

1　あしたの研修会の司会について相談しているので、あした、研修会はある。

3　女の人は男の人（＝ソンさん）に「代わりにやってほしい」と言っているので、山下さんが司会をするのではない。

The woman asks the man to lead workshop instead of her. The expression "ぼくに代わりができるかなあ" expresses his concern about whether or not he has the ability to do it.
1　As they are discussing the leader of tomorrow's workshop, there will be a workshop tomorrow.
3　The women is saying to the man (Son-san), "代わりにやってほしい," so Yamashita-san will not be the leader.

女子拜托男子（= 小宋）代为主持一下研修会。"ぼくに代わりができるかなあ"这句话表示担心自己能否胜任。
1　两个人正在商议明天研修会的主持，所以明天有研修会。
3　女子是对男子（= 小宋）说 "代わりにやってほしい"，所以不是山下担任主持人。

Người nữ đang nhờ người nam (= Son) thay mình dẫn chương trình buổi tập huấn. "ぼくに代わりができるかなあ" là mẫu diễn đạt thể hiện sự lo lắng không rõ bản thân có thể làm được hay không.
1　Vì đang bàn về việc dẫn chương trình buổi tập huấn ngày mai nên ngày mai có buổi tập huấn.
3　Người nữ đang nói với người nam (= Son) "代わりにやってほしい" nên không phải Yamashita dẫn chương trình.

4番　正解　3　　　　　　　　　　　　　　　p.8

男：昨日、渋谷のデパートで、ばったり田中さんに会ったんだ。
18. オノマトペ

女：1　倒れたの？　けがはなかった？

　　2　何時に待ち合わせしたの？

　　3　へえ、それは偶然だね。

「ばったり会った」という表現は「偶然会った」という意味。

1　この場合の「ばったり」は、倒れる様子を表す表現ではない。

2　「ばったり会った（＝偶然会った）」と言っているので、待ち合わせはしていない。

The expression "ばったり会った" means "met by chance."
1　In this case, "ばったり" does not mean falling over.
2　The man says, "ばったり会った (met by chance)," so it is not pre-arranged.

"ばったり会った"这句话意思是 "偶然遇到"。
1　这里的 "ばったり" 不是描述倒下的情景。
2　男子说的是 "ばったり会った（=偶然遇到）"，所以并没有约好等候。

"ばったり会った" nghĩa là "tình cờ gặp".
1　"ばったり" trong tình huống này không phải là từ diễn tả trạng thái ngã xuống.
2　Vì nói là "ばったり会った (= tình cờ gặp)" nên không có hẹn trước.

5番　正解　4　p.9

スクリプト 🔊13

旅館の人と客が話しています。客は貴重品を入れたあと、どの順番で金庫の鍵をかけますか。

女：えーと、この戸棚の中に金庫がありますので、貴重品はこちらにお入れください。ここに
　　　　　　　　　　　　　　　　　　　　　　　　　　　　　　6. 依頼　2. 敬語【尊】
使い方の説明があります。

男：あ、ちょっと字が小さいなあ……。すみませんが、簡単に教えていただけますか。
　　　　　　　　　　　　　　　　　　　　　　　　　　6. 依頼　2. 敬語【謙Ⅰ】

女：はい。ご説明します。ここに今鍵がささっておりますが、そのまま戸を開けていただき、貴
　　　　2. 敬語【謙Ⅰ】　　　　　　　　2. 敬語【謙Ⅱ】　　　　　　2. 敬語【謙Ⅰ】
重品を中に入れたら、戸を閉めます。
　　　　　5. 順番

男：鍵はささったままでいいんですね。

女：はい。それから、一番下の０の左にあるこちらのボタンを押して、暗証番号を入力し
　　　　　5. 順番　　　　　　　　　　　　　　　　　　　　　　　　5. 順番
ていただきます。お好きな４桁の数字をお入れください。そのあと、一番下の右のこのボタ
　2. 敬語【謙Ⅰ】　　　　　　　6. 依頼　2. 敬語【尊】　　　　　5. 順番
ンを押してください。最後に鍵を回してお取りください。
　　5. 順番　　6. 依頼　2. 敬語【尊】

男：はい、それで、開ける時はどうするんですか。

女：あ、開ける時はですね、鍵を穴にさして、暗証番号を押してから、鍵を回していただくと
　　　　　　　　　　　　　　　　　　　　　　　　5. 順番　　　　　　2. 敬語【謙Ⅰ】
開きます。

男：あ、わかりました。どうも。

客は貴重品を入れたあと、どの順番で金庫の鍵をかけますか。

解説

鍵をかける時には、「一番下の０の左にあるこちらのボタン（※）を押して、暗証番号を入力していただきます」「そのあと、一番下の右のこのボタン（＃）を押してください。最後に鍵を回してお取りください」と言っている。

The woman says that when locking the safe, "一番下の０の左にあるこちらのボタン（※）を押して、暗証番号を入力していただきます" and "そのあと、一番下の右のこのボタン（＃）を押してください。最後に鍵を回してお取りください."

上锁的时候，女子说 "一番下の０の左にあるこちらのボタン（※）を押して、暗証番号を入力していただきます" "そのあと、一番下の右のこのボタン（＃）を押してください。最後に鍵を回してお取りください"。

Người nữ nói là khi khóa thì "一番下の０の左にあるこちらのボタン（※）を押して、暗証番号を入力していただきます", "そのあと、一番下の右のこのボタン（＃）を押してください。最後に鍵を回してお取りください".

2回目　7

スクリプト 🔊14

男の人と女の人が話しています。女の人は今日このあとまず何をしますか。

男：あしたのスピーチ大会の準備はできていますか。

女：はい。会場の準備は終わりました。お客様用の椅子を並べて、舞台にはスピーチをする人が使うマイクと机も用意しました。

男：優勝者への賞品は？

女：もう準備はできていて、あした、舞台の上に置く予定です。

男：え？　舞台に置くの？

女：はい。山田先生から、スピーチがすべて終わってから、舞台の左側に机を置いて、その上
　　　　　　　　　　　　　　　5. 順番
　　に載せるように言われました。

男：ああ、終わってからですね。わかりました。それから、聞きに来てくださる皆さんに当日の
　　　　　　5. 順番　　　　　　　　　　　　　　　　　　　　　　　2. 敬語【尊】
　　スケジュールをお知らせしましたね。
　　　　　　　2. 敬語【謙Ⅰ】

女：はい、先週送りました。確認のため、今日中に大会の開始時間だけもう一度メールで
　　お知らせします。
　　　2. 敬語【謙Ⅰ】

男：あ、そうですね。お願いします。あとは……。
　　4. イント(4)d

女：準備の委員は大会が始まる2時間前に会場に集まる予定ですから、何かあっても大丈夫だと思います。

男：わかりました。じゃあ、私もその時間に行きますね。

女：はい。よろしくお願いします。

女の人は今日このあとまず何をしますか。

解説

女の人は「確認のため、今日中に大会の開始時間だけもう一度メールでお知らせします」と言っているので、これから「出席者（＝聞きに来てくださる皆さん）」に開始時間についてメールを送る。

The woman says, "確認のため、今日中に大会の開始時間だけもう一度メールでお知らせします (To confirm, I will send another email today about the start time of the contest)," so she will send an email about the start time to the "出席者（＝聞きに来てくださる皆さん）."

1　Tomorrow, the prizes will be placed on the stage after all the speeches have been made.

2　The man asked the woman, "聞きに来てくださる皆さんに当日のスケジュールをお知らせしましたね (You have already informed everyone coming to listen to the speeches about the event schedule, haven't you?)." But this is about "everyone coming to listen," not about the staff members.

4　Answer 4 is something that has to be done on the day of the contest, not today.

1 賞品はあした、スピーチが全部終わっ
てから、舞台の上に置く。
2 男の人は「聞きに来てくださる皆さん
に当日のスケジュールをお知らせしま
したね」と女の人に確認したが、これ
は「聞きに来てくれる皆さん」につい
ての話。委員についてではない。
4 4は大会当日のこと。今日これからや
ることではない。

女子说"確認のため、今日中に大会の開始時間だけもう一度メールでお知らせします（为了便于确认，今天会再一次用邮件仅通知大赛的开始时间）"，所以接下来要给"出席者（＝聞きに来てくださる皆さん）"发邮件告知开始时间。
1 奖品是明天演讲全部结束之后放到舞台上。
2 男子向女子确认"聞きに来てくださる皆さんに当日のスケジュールをお知らせしましたね（已经把当天的日程安排告知各位来听演讲的人了吧）"，这是针对"各位来听演讲的人"。不是针对委员的。
4 4是大赛当天要做的事，不是今天接下来要做的事。

Vì người nữ nói "確認のため、今日中に大会の開始時間だけもう一度メールでお知らせします (Để xác nhận lại, trong hôm nay tôi sẽ báo qua email giờ khai mạc của cuộc thi một lần nữa)" nên bây giờ sẽ gửi email về giờ khai mạc cho "出席者（＝聞きに来てくださる皆さん）".
1 Phần thưởng thì ngày mai, sau khi toàn bộ phần hùng biện đã kết thúc, sẽ đặt lên sân khấu.
2 Người nam xác nhận lại với người nữ là "聞きに来てくださる皆さんに当日のスケジュールをお知らせしましたね (Chị đã báo chương trình ngày hôm đó cho những người sẽ đến nghe rồi phải không)" nhưng là nói về "những người sẽ đến nghe" chứ không phải thành viên ban tổ chức.
4 Đây là chuyện của ngày diễn ra cuộc thi, không phải chuyện bây giờ sẽ làm vào hôm nay.

3 回目

1番　正解　2　　　　　　　　　　　　　　　　p.13

スクリプト 🔊17

女の人と男の人が話しています。女の人が犬を飼えなくなった理由は何ですか。

女：清水さん、ペット飼ってますか。

男：ええ。うち犬飼ってるんですけど、まだ子犬なんで、夜中に鳴いちゃうんですよ。近所から苦情が来て、今困ってるところ。武田さんは？

女：今は飼ってないんですけど……昔、ちょっとの間だけうちに犬がいたんです。実は、悲しい思い出があって。私、子どものころから犬が飼いたかったんですが、自分で世話ができるようになるまではペット禁止って両親に言われてて。で、中学生になって、やっと子犬を飼えることになったんです。でも飼い始めてすぐに、一緒に住んでるおじいちゃん、咳が止まらなくなっちゃって……。

男：あー。もしかして、アレルギー？

女：そうなんです。調べたら、動物の毛のアレルギーがあるってことがわかって。それで、しかたなく知り合いにあげたんですよ。

15. 予測

3回目　9

男：それは悲しいね。おじいちゃんは、犬が嫌いなわけじゃないんでしょう？
16. 複雑
女：ええ。

女の人が犬を飼えなくなった理由は何ですか。

解説

「飼い始めてすぐに、一緒に住んでるおじいちゃん、咳が止まらなくなっちゃって」「調べたら、動物の毛のアレルギーがあるってことがわかって。それで、しかたなく知り合いにあげた」と言っている。犬を飼えなくなったのは、家族のアレルギーが理由。

1　苦情が来て困っているのは、男の人。

3　男の人に「おじいちゃんは、犬が嫌いなわけじゃないんでしょう？（＝嫌いではないんですよね？）」と聞かれて、女の人は「ええ」と答えている。

4　自分で世話ができるようになるまではペット禁止と両親に言われたが、中学生になって、ペットを飼うことができた。

The woman says, "飼い始めてすぐに、一緒に住んでるおじいちゃん、咳が止まらなくなっちゃって (After I got the dog, my grandpa, who was living with us, started coughing)," "調べたら、動物の毛のアレルギーがあるってことがわかって。それで、しかたなく知り合いにあげた (We checked up on it and found out that he was allergic to animal fur. So, I had no choice but to give the dog away to someone I know)." The reason she could not keep the dog any longer was because of her family member's allergy.

1　The person having problems with complaints is the man.
3　The man asks, "おじいちゃんは、犬が嫌いなわけじゃないんでしょう？（＝嫌いではないんですよね？）," to which the woman replies, "ええ."
4　Her parents told her she was not allowed a pet until she was able to look after it by herself. When she started junior high school, she was able to get a pet.

女子说 "飼い始めてすぐに、一緒に住んでるおじいちゃん、咳が止まらなくなっちゃって（开始养狗不久，住在一起的爷爷就开始咳嗽不止）" "調べたら、動物の毛のアレルギーがあるってことがわかって。それで、しかたなく知り合いにあげた（查了一下原来是因为对动物的皮毛过敏，因此不得不把狗送给了熟人）"。不再养狗是因为家人过敏。

1　因为有投诉而烦恼的是男子。
3　女子被男子问 "おじいちゃんは、犬が嫌いなわけじゃないんでしょう？（＝嫌いではないんですよね？）"，她回答 "ええ"。
4　父母对女子说必须自己能照顾宠物之后才可以养宠物，她是上了初中以后才能养宠物。

Người nữ nói "飼い始めてすぐに、一緒に住んでるおじいちゃん、咳が止まらなくなっちゃって (Vừa bắt đầu nuôi là ông tôi sống chung nhà cứ bị ho suốt)", "調べたら、動物の毛のアレルギーがあるってことがわかって。それで、しかたなく知り合いにあげた (Tôi tìm hiểu thì biết được ông bị dị ứng lông thú vật. Vậy nên tôi đành phải đem con chó cho người quen)". Lý do không nuôi chó được nữa là vì người nhà bị dị ứng.

1　Người đang khổ sở vì bị than phiền là người nam.
3　Khi được người nam hỏi "おじいちゃんは、犬が嫌いなわけじゃないんでしょう？（＝嫌いではないんですよね？）", người nữ đã trả lời là "ええ".
4　Tuy bị ba mẹ cấm nuôi thú cưng cho đến khi tự mình chăm sóc được nhưng khi người nữ học cấp II đã được cho nuôi thú cưng.

2番　　正解　3　　　　　　　　　　　　　　　　　　p.13

スクリプト　🔊18

テレビで女の人が話しています。女の人はどうしてこの製品を作ったのですか。

女：皆さんは、入院した時、どんな服を着ますか。普通のパジャマは、お医者さんに診てもらう時には便利でも、おしゃれじゃないですよね。それに、そんな服を着ていたら、お見舞いに来てくれた人にも会いたくなくなってしまいますよね。今日ご紹介するのは、そんな悩み
2..敬語【謙 I】

を解決する服です。私の母も、入院した時、「見舞いに来てくれた友人にパジャマ姿を見せるのは恥ずかしい」と言っていたんです。それで、脱いだり着たりするのが便利で、ちょっとすてきな、このような服を作ろうと思ったんです。こんなおしゃれな服だったら、入院していても、気分が明るくなって、元気になりますよね。そのほうが病気も早く治るんじゃないかと思うんです。

11. 意見

女の人はどうしてこの製品を作ったのですか。

解説

女の人のお母さんが入院した時に、「見舞いに来てくれた友人にパジャマ姿を見せるのは恥ずかしい」と言った。それで、女の人は、入院した時に着るおしゃれな服を作ろうと考えた。

1　「友人にパジャマ姿を見せるのは恥ずかしい」と言ったのは女の人のお母さん。
2　今までの服が脱いだり着たりしにくかったとは言っていない。
4　お母さんは、病院で着るおしゃれな服がほしいとは言っていない。

When the woman's mother was in hospital, she said, "見舞いに来てくれた友人にパジャマ姿を見せるのは恥ずかしい (I am embarrassed to be seen wearing pajamas when friends come to visit)." So, the woman came up with the idea of creating fashionable clothing to wear while in the hospital.
1　It was the woman's mother who said, "友人にパジャマ姿を見せるのは恥ずかしい."
2　She did not say that it had been hard to change in and out of the existing hospital clothes.
4　The mother did not say that she wanted fashionable clothing to wear while in the hospital.

女子的妈妈住院的时候说"見舞いに来てくれた友人にパジャマ姿を見せるのは恥ずかしい（让来探望的人看到自己穿睡衣的样子非常难为情）"。因此女子打算缝制住院时穿着的漂亮衣服。
1　说"友人にパジャマ姿を見せるのは恥ずかしい"这句话的是女子的妈妈。
2　女子没有说之前的衣服难以穿和脱。
4　妈妈没有说想要在医院穿着的漂亮衣服。

Khi nằm viện, mẹ của người nữ đã nói "見舞いに来てくれた友人にパジャマ姿を見せるのは恥ずかしい (Thấy xấu hổ khi để cho bạn bè tới thăm bệnh thấy mình mặc đồ ngủ)". Vậy nên người nữ đã nghĩ đến việc tạo ra trang phục điệu đà để mặc khi nằm viện.
1　Người nói "友人にパジャマ姿を見せるのは恥ずかしい" là mẹ của người nữ.
2　Không nói rằng trang phục trước nay khó cởi ra mặc vào.
4　Người mẹ không nói mình muốn có trang phục điệu đà để mặc trong bệnh viện.

3番　正解　4　p.13

スクリプト 🔊 19

男の人と女の人が話しています。女の人がオーディオブックを聞くようになったきっかけは何ですか。

女：最近、本を読むんじゃなくて、聞いているんだ。

男：ああ、耳で聞く本ね。

女：そう、オーディオブックっていうの。好きな俳優が読んでる本を見つけて、聞くようになったんだけど、好きな人の声だと、すっと耳に入ってくるんだ。今、日本の小説を聞いている

18. オノマトペ

けど、<u>なかなかいいよ</u>。
_{12. 評価}

男：へえ、そうなんだ。

女：それに、<ruby>何<rt>なに</rt></ruby>かをしながら<ruby>聞<rt>き</rt></ruby>けるから、けっこう<ruby>便利<rt>べんり</rt></ruby>だよ。<ruby>混<rt>こ</rt></ruby>んでる<ruby>電車<rt>でんしゃ</rt></ruby>の<ruby>中<rt>なか</rt></ruby>で<ruby>本<rt>ほん</rt></ruby>を<ruby>持<rt>も</rt></ruby>たなくてもいいし。

男：ふーん。<ruby>何<rt>なに</rt></ruby>かしながらだと、<ruby>頭<rt>あたま</rt></ruby>が<ruby>混乱<rt>こんらん</rt></ruby>しない？

女：<ruby>勉強<rt>べんきょう</rt></ruby>したり、テレビを<ruby>見<rt>み</rt></ruby>ている<ruby>時<rt>とき</rt></ruby>は<ruby>無理<rt>むり</rt></ruby>だけど、<ruby>電車<rt>でんしゃ</rt></ruby>に<ruby>乗<rt>の</rt></ruby>っている<ruby>間<rt>あいだ</rt></ruby>とか<ruby>歩<rt>ある</rt></ruby>いている<ruby>時<rt>とき</rt></ruby>とか<ruby>家事<rt>かじ</rt></ruby>をしている<ruby>時<rt>とき</rt></ruby>とかに<ruby>聞<rt>き</rt></ruby>けば、ぜんぜん<ruby>問題<rt>もんだい</rt></ruby>ないよ。

男：そっか。でも、<ruby>耳<rt>みみ</rt></ruby>で<ruby>聞<rt>き</rt></ruby>くと<ruby>時間<rt>じかん</rt></ruby>がかからない？

女：スピードを<ruby>速<rt>はや</rt></ruby>くする<ruby>機能<rt>きのう</rt></ruby>を<ruby>使<rt>つか</rt></ruby>えば、<ruby>短<rt>みじか</rt></ruby>い<ruby>時間<rt>じかん</rt></ruby>で<ruby>聞<rt>き</rt></ruby>ける。<u>ただ</u>、<ruby>難<rt>むずか</rt></ruby>しい<ruby>内容<rt>ないよう</rt></ruby>は<ruby>理解<rt>りかい</rt></ruby>できない
_{15. 予測}
から、それは<ruby>普通<rt>ふつう</rt></ruby>の<ruby>速<rt>はや</rt></ruby>さじゃないと。

男：そうなんだ。<ruby>聞<rt>き</rt></ruby>く<u>って</u>いうのも<ruby>新鮮<rt>しんせん</rt></ruby>かもしれないね。<ruby>日本語<rt>にほんご</rt></ruby>の<ruby>勉強<rt>べんきょう</rt></ruby>にもなるし。

<ruby>女<rt>おんな</rt></ruby>の<ruby>人<rt>ひと</rt></ruby>がオーディオブックを<ruby>聞<rt>き</rt></ruby>くようになった<ruby>きっかけは何<rt>なん</rt></ruby>ですか。

解説 _{かいせつ}

<ruby>女<rt>おんな</rt></ruby>の<ruby>人<rt>ひと</rt></ruby>は、「<ruby>好<rt>す</rt></ruby>きな<ruby>俳優<rt>はいゆう</rt></ruby>が<ruby>読<rt>よ</rt></ruby>んでる<ruby>本<rt>ほん</rt></ruby>を<ruby>見<rt>み</rt></ruby>つけて、<ruby>聞<rt>き</rt></ruby>くようになった」と<ruby>言<rt>い</rt></ruby>っている。「～ようになった」は、<ruby>変化<rt>へんか</rt></ruby>の<ruby>結果<rt>けっか</rt></ruby>を<ruby>表<rt>あらわ</rt></ruby>す<ruby>表現<rt>ひょうげん</rt></ruby>で、「<ruby>聞<rt>き</rt></ruby>くようになった」は、「<ruby>以前<rt>いぜん</rt></ruby>は<ruby>聞<rt>き</rt></ruby>いていなかったが、<ruby>聞<rt>き</rt></ruby>き<ruby>始<rt>はじ</rt></ruby>めた」という<ruby>意味<rt>いみ</rt></ruby>になる。

1　<ruby>何<rt>なに</rt></ruby>かをしながら<ruby>聞<rt>き</rt></ruby>けるのは<ruby>便利<rt>べんり</rt></ruby>だと<ruby>言<rt>い</rt></ruby>っているが、きっかけではない。

2　<ruby>日本語<rt>にほんご</rt></ruby>の<ruby>勉強<rt>べんきょう</rt></ruby>になると<ruby>言<rt>い</rt></ruby>っているのは<ruby>男<rt>おとこ</rt></ruby>の<ruby>人<rt>ひと</rt></ruby>。

3　スピードを<ruby>速<rt>はや</rt></ruby>くすれば、<ruby>短<rt>みじか</rt></ruby>い<ruby>時間<rt>じかん</rt></ruby>で<ruby>聞<rt>き</rt></ruby>けるとは<ruby>言<rt>い</rt></ruby>っているが、<ruby>聞<rt>き</rt></ruby>くようになったきっかけではない。

The woman says, "好きな俳優が読んでる本を見つけて、聞くようになった (I started listening to audiobooks when I found a book read by my favorite actor)." "～ようになった" expresses the result of a change, so "聞くようになった" means "she didn't listen to them before, but she has started listening to them now."

1　She says it is convenient to be able to listen while doing something else, but that was not the reason she started listening to audiobooks.

2　It is the man who says it would be good for studying Japanese.

3　She says that you can listen faster by increasing the speed, but that was not the reason she started listening to audiobooks.

女子说 "好きな俳優が読んでる本を見つけて、聞くようになった (发现了自己喜欢的演员朗读的书，开始听了)"。"～ようになった" 这个表达方式表示变化的结果，"聞くようになった" 意思是 "以前没有听，现在开始听了"。

1　女子说边做什么边听很方便，但不是契机。

2　说可以学习日语的是男子。

3　女子说加快速度可以短时间内听完，但不是开始听的契机。

Người nữ nói "好きな俳優が読んでる本を見つけて、聞くようになった (Tôi tìm thấy sách do diễn viên mình yêu thích đọc nên đã bắt đầu nghe)". "～ようになった" là mẫu diễn đạt thể hiện kết quả của sự thay đổi, "聞くようになった" nghĩa là "lúc trước không nghe nhưng giờ đã bắt đầu nghe".

1　Tuy nói việc có thể vừa làm gì đó vừa nghe là tiện lợi nhưng đó không phải là nguyên cớ.

2　Người nói nó giúp ích cho việc học tiếng Nhật là người nam.

3　Tuy nói chỉ cần chỉnh nhanh tốc độ là có thể nghe được trong thời gian ngắn nhưng đó không phải là nguyên cớ bắt đầu nghe.

1番　　　正解　3　　　　　　　　　　　　　　　　　　　　　　　　p.14

スクリプト　🔊21

息子と母親が話しています。母親はどうしてガムを買いましたか。

男：あれ、お母さん、ガム買ったの？　ぼくにはいつも食べちゃだめって言ってる じゃない。
　　　　　　　　　　　　　　　　　　　　　　　　　　　　　　4. イント(2)b
　　虫歯になるし、太るからって。

女：このガムは大丈夫。砂糖が入ってないし、虫歯を防ぐって書いてあるの。それより、この
　　　　　　　　　　　　　　　　　　　　　　　　　　　　　15. 予測
　　ガムすごいんだよ。食べると記憶力がよくなるんだって。

男：え？　記憶力？　あ、わかった。お母さん、最近韓国語の勉強してるよね。そのためなの？

女：あら、知ってたの？　そう。単語がぜんぜん覚えられなくて、本当にいやんなっちゃう。
　　でもこれを食べれば、韓国ドラマも全部わかるようになるよ、きっと。あ、そうだ、祐介も
　　　　　　　　　　　　　　　　　　　　　　　　　　　　　15. 予測
　　食べてみる？　漢字、覚えられるようになるかも。

男：あ、食べる。来週、漢字テストあるんだ。……うん、おいしいね。ん？　この味、食べた
　　ことある。そうだ。このガム、お母さん前にも買ってたよ。ドイツ語始めた時。おいしい、
　　　　　　　15. 予測
　　おいしいって言ってた じゃない。
　　　　　　　　　　　　4. イント(2)b

女：え？　そうだっけ？

男：お母さん、忘れちゃったの？

母親はどうしてガムを買いましたか。

解説

母親は息子に韓国語の勉強のために記憶力
がよくなるガムを買ったのかと聞かれ、そ
うだと答えている。また、「(韓国語の) 単
語がぜんぜん覚えられなくて、本当にいや
んなっちゃう（＝いやになってしまう）」
と付け加えている。

The mother was asked by her son if she had bought chewing gum to improve her memory for studying Korean, and she said she had. She added, "(韓国語の) 単語がぜんぜん覚えられなくて、本当にいやんなっちゃう（＝いやになってしまう）."

1　The mother said, "砂糖が入ってないし、虫歯を防ぐって書いてある (It has no sugar and it says that it prevents cavities)," but after that she said, "それより," "食べると記憶力がよくなるんだって (They say it improves memory)." In other words, for her, improving her memory is more important.

2　The mother said, "あ、そうだ" and recommended her son try the gum. "あ、そうだ" is an expression used when coming up with an idea. When she bought the gum, she was not thinking about her son's studies.

4　The mother didn't remember that she had bought the gum before.

1 母親は「砂糖が入ってないし、虫歯を防ぐって書いてある」と言ったが、そのあとで「それより」と言って、「食べると記憶力がよくなるんだって」と言った。つまり、母親にとって記憶力がよくなることのほうが大事である。

2 母親は「あ、そうだ」と言って、息子にガムを食べることをすすめた。「あ、そうだ」は何かを思いついた時に言う表現。ガムを買った時には、息子の勉強のことは考えていなかった。

4 母親は、前に買ったことを忘れていた。

儿子问妈妈是为了学习韩国语提高记忆力才买的口香糖吗，妈妈说是的。而且还补充说"（韓国語の）単語がぜんぜん覚えられなくて、本当にいやんなっちゃう（＝いやになってしまう）"。
1 妈妈说了"砂糖が入ってないし、虫歯を防ぐって書いてある(不含糖，且上面写着预防蛀牙)"，然后说"それより""食べると記憶力がよくなるんだって(说是吃了提高记忆力)"。也就是说，对妈妈来说提高记忆力很重要。
2 妈妈说"あ、そうだ"，建议儿子吃口香糖。"あ、そうだ"是想起某事时的表达方式。她在买口香糖时没有考虑儿子学习的情况。
4 妈妈忘了以前买过。

Người mẹ khi được người con trai hỏi có phải mua kẹo cao su làm tăng trí nhớ để học tiếng Hàn hay không thì đã trả lời là đúng vậy. Ngoài ra còn nói thêm "（韓国語の）単語がぜんぜん覚えられなくて、本当にいやんなっちゃう（＝いやになってしまう）".
1 Người mẹ nói "砂糖が入ってないし、虫歯を防ぐって書いてある (không có đường và có ghi là ngừa sâu răng)" nhưng sau đó nói "それより" và "食べると記憶力がよくなるんだって (nghe nói ăn vào thì sẽ làm tăng trí nhớ)". Nói cách khác, đối với người mẹ thì việc tăng trí nhớ quan trọng hơn.
2 Người mẹ nói "あ、そうだ" và khuyến khích người con ăn kẹo cao su đó. "あ、そうだ" là mẫu diễn đạt nói khi nhớ ra điều gì đó. Lúc mua kẹo cao su, người mẹ không nghĩ đến việc học của con mình.
4 Người mẹ đã quên rằng lúc trước mình từng mua rồi.

2番　正解　3　　　　　　　　　　　　　　　　　p.14

スクリプト　🔊22

男の人と女の人が話しています。男の人は町の変化についてどう思っていますか。

男：この前、星田町に久しぶりに行ったんだけど、びっくりしちゃったよ。

女：ああ、あの古い建物が多くて、気に入ってたところ？　古い家、なくなってたの？

男：それは変わらないんだけど、若い人や外国人がたくさん来ていたんだよ。みんな駅とか橋とか建物の写真を撮ったりしててさ。レストランや喫茶店も混んでいて、昔では考えられないなあ。のんびりしてたのに。別の町になっちゃったみたいだ。

女：へえ。どうしたのかな。

男：うん。で、聞いてみたら、あそこは去年話題になった映画の舞台になったらしいんだ。

女：ああ、そうだったんだ。それで有名になったんだね。だったら、お店とかは儲かっていいんじゃない？
11. 意見　4. イント(1)

男：そうかなあ。道が渋滞してたし、歩道に大勢の人が集まって写真を撮ったりしていて、住んでる人には迷惑なんじゃないかな。
11. 意見

女：うーん、そういうのは対策を考えるべきだけど、お店にとってはいいんじゃない？　町は
8. 義務　　　　　　　　　　　　　11. 意見　4. イント(1)
人が来ることを歓迎していると思うな。人気の観光地になるわけだから。

男：ふーん、なるほど。そういう見方もあるんだね。

14

男の人は町の変化についてどう思っていますか。男の人です。

「のんびりしてたのに。別の町になっちゃったみたいだ」の「なっちゃった（＝なってしまった）」は残念な気持ちを表す。男の人は、人が増える前の町のほうがよかったと思っている。

1　古い建物は壊されていない。
2　経済的効果があると思っているのは女の人。男の人は、「そういう見方もあるんだね」と女の人の考えを認めているが、男の人自身の意見ではない。
4　住民も歓迎していると思っているのは女の人。

The "なっちゃった（＝なってしまった）" part of "のんびりしてたのに。別の町になっちゃったみたいだ (It used to be a relaxing place, but it seems like a different place now.)" expresses disappointment. The man thinks the town was better before it became crowded.
1　The old buildings have not been torn down.
2　It is the woman who thinks there is an economic benefit. The man recognizes her view, saying "そういう見方もあるんだね (You could look at it that way)," but that is not his own view.
4　It is the woman who believes the local residents welcome the liveliness.

"のんびりしてたのに。別の町になっちゃったみたいだ (原来很悠闲,现在好像变成了其他城市。)" 的 "なっちゃった（＝なってしまった）" 表达遗憾的心情。男子觉得人增多之前的城市更好。
1　古老的建筑没有被破坏。
2　认为有经济效益的是女子。男子说 "そういう見方もあるんだね (也有这样的观点啊)",虽然认可女子的观点,但并不是他本人的观点。
4　认为当地人也欢迎的是女子。

"なっちゃった（＝なってしまった）" trong "のんびりしてたのに。別の町になっちゃったみたいだ (Lúc trước thư thái là vậy mà bây giờ như đã biến thành thị trấn khác mất rồi)" thể hiện tâm trạng tiếc nuối. Người nam thích thị trấn trước khi đông đúc hơn.
1　Các tòa nhà cổ chưa bị phá đi.
2　Người cho rằng có hiệu quả về mặt kinh tế là người nữ. Tuy người nam nhìn nhận suy nghĩ của người nữ "そういう見方もあるんだね (Có cách nhìn như thế nữa nhỉ)" nhưng đó không phải là ý kiến của chính người nam.
4　Người cho rằng cư dân cũng hoan nghênh là người nữ.

3番　正解 1　　　　　　　　　　　　　p.15

スクリプト 🔊24

男：すみません。今月の家賃、もう少し待っていただくわけにはいきませんか。
　　　　　　　　　　　　　　　　　　　6. 依頼　2. 敬語【謙 I】
女：1　うーん。これ以上は、もう……。
　　　　6. 依頼(3)断る
　　2　ええ、待たなくてもいいですよ。
　　3　ありがとうございます。助かります。

「もう少し待っていただくわけにはいきませんか」は、「もう少し待ってほしい」ということを質問の形で婉曲的に依頼する表現。
1　「これ以上は、もう待てない」ということを婉曲に言う表現。

"もう少し待っていただくわけにはいきませんか" is an indirect way of making the request "please wait a bit longer," in the form of a question.
1　This is an indirect way of saying "これ以上は、もう待てない (I can't wait any longer)."
2　"待たなくてもいい" means you don't have to wait. But it is the woman who is being asked to wait.
3　It is the woman who is being asked to wait, so she would not say thank you.

2 「待たなくてもいい」は待つ必要がないという意味。待つことを頼まれているのは、女の人。

3 女の人は待つことを頼まれているので、お礼は言わない。

"もう少し待っていただくわけにはいきませんか"是以提问的形式表达委婉地请求的表达方式，意思是"希望再稍等一下"。
1 是委婉地表达"これ以上は、もう待てない（不能再等了）"这一意思。
2 "待たなくてもいい"意思是没必要等。被拜托等待的是女子。
3 女子被拜托等待，因此不用致谢。

"もう少し待っていただくわけにはいきませんか" là mẫu diễn đạt nhờ và mang tính uyển ngữ dưới dạng câu hỏi, có nghĩa "xin đợi thêm chút nữa".
1 Là mẫu diễn đạt nói tránh mang nghĩa "これ以上は、もう待てない (không thể đợi thêm được nữa)".
2 "待 た な く て も い い" nghĩa là không cần đợi. Người đang được nhờ đợi là người nữ.
3 Người nữ đang được nhờ đợi nên không nói cảm ơn.

4番　正解　1　　　　　　　　　　　　　　　p.15

スクリプト 🔊25

男：旅行、この割引券が使えるうちに行かないとね。

女：1　うん、無駄にするのはもったいないよ。

　　2　割引券、もう使えなくなっちゃったの？

　　3　えっ、行かないなんて、言わないでよ。

解説

「割引券が使えるうちに（旅行に）行かないと」とは、割引券が使える間に旅行に行かないといけないということを表現している。

2 「もう使えなくなっちゃったの？」は「使えなくなった」ということを聞いた時に、そのことを確認する表現。割引券はまだ使える。

3 男の人は「行かない」とは言っていない。

"割引券が使えるうちに（旅行に）行かないと" means that the man is suggesting to go traveling before the discount ticket expires.
2 "もう使えなくなっちゃったの？" is an expression that confirms what you have heard when you hear that "the ticket is no longer useable." The discount coupon is still useable.
3 The man does not say "I'm not going."

"割引券が使えるうちに（旅行に）行かないと"这句话意思是必须趁着打折券有效去旅行。
2 "もう使えなくなっちゃったの？"是在听闻"不能用了"这个消息时，对其进行核实的表达方式。打折券有效。
3 男子没有说"不去"。

"割引券が使えるうちに（旅行に）行かないと" nghĩa là cần phải đi du lịch trong lúc phiếu giảm giá còn hạn sử dụng.
2 "もう使えなくなっちゃったの？" là mẫu diễn đạt để xác nhận lại sau khi nghe nói "đã hết hạn sử dụng rồi". Phiếu giảm giá vẫn còn dùng được.
3 Người nam không nói rằng "sẽ không đi".

5番　正解　2　　　　　　　　　　　　　　　p.15

スクリプト 🔊26

女：新学期が始まるまでに引っ越そうと思っていたのに……。
　　　　　　　　　　　　　　14. 起きなかったこと

男：1　新しいアパートはどう？

　　2　どうして引っ越さなかったの？

　　3　いつ引っ越したの？

「引っ越そうと思っていたのに」は「引っ
越そうと思っていたが、実際には引っ越さ
なかったので残念だ」という意味。

The expression "引っ越そうと思っていたのに" means "I thought that I would move house, but unfortunately I have not."

"引っ越そうと思っていたのに"的意思是"原本一直想搬家的，但是没有搬成，所以觉得遗憾"。

"引っ越そうと思っていたのに" nghĩa là "đã định chuyển nhà nhưng thực tế lại không chuyển nên tiếc quá".

6番　正解　2　　　　　　　　　　　　　　　　　　p.15

スクリプト 🔊27

女：山中さん、昨日頼んだ報告書、書いてくれた？

男：1　ええ、書いてくれました。

　　2　あ、うっかりしてました。
　　　　　　17. 副詞

　　3　よろしくお願いします。

解説

「書いてくれた？」は書くように頼んだが
それをしたかどうか確認する表現。「うっ
かりする」は「不注意で何かを忘れたり、
失敗したりする」という意味。この場合は、
書くのを忘れていたという意味。

1　「書いてくれました」は「ほかの人が
　　自分のために書いた」という意味。報
　　告書は男の人が書くように頼まれてい
　　るので誤り。

"書いてくれた？" is an expression to confirm whether or not Yamanaka-san wrote the report as requested. "うっかりする" means "to forget or fail to do something due to inattention." In this case, it means he forgot to write the report.
1　"書いてくれました" means "someone else wrote it for me." This is wrong because it is the man who was asked to write the report.

"書いてくれた？"这句话是拜托对方写报告，向对方核实是否写了的表达方式。"うっかりする"意思是"因疏忽大意忘了某事或者做错了某事"。这里意思是忘记写了。
1　"書いてくれました"意思是"别人为自己写了"。报告书是女子拜托男子写，所以错误。

"書いてくれた？" là mẫu diễn đạt để xác nhận lại xem đối phương đã viết theo lời mình nhờ hay chưa. "うっかりする" nghĩa là "quên hay làm sai điều gì do bất cẩn". Trong trường hợp này là đã quên viết.
1　"書いてくれました" nghĩa là "người khác đã viết cho mình". Người nam được nhờ viết bản báo cáo nên đây là câu sai.

7番　正解　1　　　　　　　　　　　　　　　　　　p.15

スクリプト 🔊28

男：西さんの気持ち、わからないこともないけど、ああいう言い方はよくないね。
　　　　　　　　　　　　　　　　16. 複雑

女：1　うん、あれはやっぱり失礼だよね。
　　　　　　　　　15. 予測

　　2　そうだよ、西さんの気持ち、わからないよ。

　　3　ああ、あんなふうに言えばよかったんだね。

解説

「わからないこともない」は、「少しはわかる」という意味。それでも、男の人は西さんの言い方をよくないと批判している。女の人が男の人の批判に同意している１が正解。

ここでの「やっぱり」は「ほか（＝男の人の意見）と同じように（思う）」という意味。

2　「そうだよ」と同意しているのに、気持ちがわからないと言っている。男の人は、「わからないこともない」と言っているので、二人の意見が合っていない。

"わからないこともない" means "to somewhat understand." Still, the man criticizes Nishi-san's choice of words. The correct answer is 1, where the woman agrees with the man's criticism. Here, "やっぱり" has the meaning of "thinking along the same lines as someone else (i.e., the man's opinion)."
2　Even though the woman agrees, saying "そうだよ," she says she does not understand Nishi-san's feelings. The man says "わからないこともない," so their opinions don't match.

"わからないこともない" 意思是 "稍微理解一点"。即便如此，男子批评说西先生的言辞不好。1 是正确答案，女子赞同男子的批评观点。这里的 "やっぱり" 意思是 "和别人的观点（＝男子的观点）一样（认为）"。
2　虽然 "そうだよ" 表示同意，但是后面说不理解其心情。男子说 "わからないこともない"，所以两个人的观点不一致。

"わからないこともない" nghĩa là "hiểu một chút". Nhưng người nam vẫn phê bình cách nói của Nishi là không hay. Câu đúng là lựa chọn 1, người nữ đồng tình với lời phê bình của người nam. "やっぱり" ở đây nghĩa là "nghĩ giống với cái khác (= ý kiến của người nam)".
2　Tuy đồng tình "そうだよ" nhưng lại nói không hiểu được tâm trạng. Người nam nói "わからないこともない" nên ý kiến của hai người không khớp.

5 回目

1番　　正解　3　　　　　　　　　　　　　　p.19

スクリプト 🔊31

ラジオでアナウンサーと旅館の人が話しています。

男：今日は、しずか温泉にある明治時代から続く旅館、山田屋の山田菊枝さんにお話を伺います。
　　2. 敬語【謙Ⅰ】
　　えー、山田屋さんは、最近、何か新たなことを始められたそうですね。
　　　　　　　　　　　　　　　　　　　　2. 敬語【尊】
女：ええ、昔ながらのいいところは残しつつ、やはり現代の生活スタイルに合った形に旅館も変わっていかなければならないと思いましたので。当旅館では、今までずっと、お客様が帰られる日は朝食のあと、10時ごろにお部屋を出ていただいておりましたが、お客様から、
　2. 敬語【尊】　　　　　　　　　　　　　2. 敬語【謙Ⅰ】
宿を出る前にもう少しゆっくりしたいというお声をいただいたものですから。
　　　　　　　　　　　　　　　　2. 敬語【謙Ⅰ】
男：ああ、朝ご飯のあと、もう一度ゆっくり温泉に入れたらうれしいですね。
女：はい、それでお帰りになる時間をお客様に決めていただく形にいたしました。お昼まで、
　　　　　2. 敬語【尊】　　　　　　　2. 敬語【謙Ⅰ】　2. 敬語【謙Ⅱ】
あるいは、夕方までいていただくことも可能でございます。
　　　　　　　　2. 敬語【謙Ⅰ】

旅館の人は何について話していますか。

18

1　旅館の伝統を守る大切さ　　2　お客からの苦情の内容

3　旅館の新しいサービス　　　4　旅館の上手な利用方法

解説

男の人に、最近始めたことについて聞かれ、女の人は、帰る時間をお客に決めてもらうサービスを始めたと答えた。お客から宿を出る前にもう少しゆっくりしたいという意見をもらったので、このような形にしたと言った。「可能でございます」の「でございます」は「です」の非常に丁寧な形。

When asked by the man about a recent development, the woman replied that the inn has started a new service to allow customers to decide what time they will leave. She said that the inn did this because of feedback from customers that they would like to relax a little bit more before leaving. The "でございます" of "可能でございます" is a very polite form of "です."

女子被男子问及最近开始做的事情，回答说开始实施由客人决定退房时间的服务。她说有客人反馈意见说他们在离开宾馆前想要再悠闲地放松一下，所以决定实施这项服务。"可能でございます"的"でございます"是"です"的更加礼貌的说法。

Khi được người nam hỏi về điều mới bắt đầu thực hiện gần đây, người nữ trả lời rằng đã bắt đầu dịch vụ để khách chọn thời gian ra về. Người nữ nói vì được khách góp ý là muốn thong thả thêm một chút trước khi rời lữ quán nên đã chọn cách làm này. "でございます" trong "可能でございます" là dạng thức vô cùng lịch sự của "です".

2番　正解　1　　　　　p.19

スクリプト　🔊32

ラジオで男の人が猫について話しています。

男：えー、猫を飼う人が増えていますね。猫のような動物は、夜、元気に動きまわると思っている人が多いかもしれませんが、朝早い時間と夕方に一番活発に動きます。では、昼間は何をしているのでしょう。普通飼い主は仕事や学校に行ったりして、家にいないことが多いですよね。実は、昼間はご飯ももらえないし、遊んでもらえないので、大体は寝ているのです。最近は家にカメラをつけて、スマホで猫の様子を見ようとしている人もいるようですが、そんなに心配する必要はないんですよ。

15. 予測

男の人は主に何について話していますか。

1　昼間の猫の様子　　　　　　2　猫が元気に活動する時間

3　長時間留守にする人の猫の問題　4　家の猫が見られるカメラの紹介

男の人は、「昼間は（猫は家で）何をして
いるのでしょう」と問いかけ、猫は大体は
寝ていると言っている。「実は」のあとは、
本題（話の中心）が来ることが多い。

2　「朝早い時間と夕方に一番活発に動き
　　ます」と言っているが、それは昼間に
　　猫が何をしているのかの話の導入で、
　　中心となる話題ではない。

The man asks, "昼間は（猫は家で）何をしているのでしょう (What are (cats at home) doing during the day?)" and says they are mostly sleeping. After "実は" comes the main subject (the essence).
2　He says that "朝早い時間と夕方に一番活発に動きます (They are most active early in the morning and in the evening)," but this is an introduction to what cats do during the day. It is not the main subject.

男子提出问题"昼間は（猫は家で）何をしているのでしょう（白天（猫在家里）做什么呢）"，然后说猫一般都是在睡觉。"実は"后面多出现谈话的正题（话题中心）。
2　虽然男子说"朝早い時間と夕方に一番活発に動きます（一大早和傍晚最活跃）"，但是这是在进入白天猫在做什么这一话题之前的导入部分，不是中心话题。

Người nam đưa ra câu hỏi "昼間は（猫は家で）何をしているのでしょう (Vào buổi trưa thì (mèo ở nhà) làm gì?)" và nói rằng thông thường mèo ngủ. Chủ đề chính (trọng tâm câu chuyện) thường đi theo sau "実は".
2　Tuy người nam nói "朝早い時間と夕方に一番活発に動きます (Mèo năng động nhất vào khoảng thời gian sáng sớm và chiều tối)" nhưng đó là lời dẫn nhập vào chuyện mèo làm gì vào buổi trưa, không phải chủ đề trọng tâm.

3番　　正解　1　　　　　　　　　　　　　　　　　　p.19

スクリプト　🔊33

医者が講演会で話しています。

女：今年の冬も風邪が流行っていますね。あ、今日もマスクをしている人が何人かいますね。皆
　　さん、風邪なんか病気じゃない、寝ていればすぐ治ると思っていませんか。風邪を馬鹿にし
　　てはいけませんよ。適切に対処しないと、熱が高くなって耳が聞こえなくなったり、咳がひ
　　どくなって呼吸が困難になったりします。さらに、ひどくなると、入院が必要になること
　　もありますし、最悪の場合死んでしまうこともあります。また、自分は大丈夫だからといっ
　　て学校や職場に行くと、周りの人にうつしてしまう可能性もあります。ですから、なるべく
　　風邪をひかないように毎日の生活に気をつけてください。

医者は何について話していますか。

1　風邪の危険性　　2　風邪にかかりやすい人の特徴

3　風邪の予防法　　4　風邪を治すための方法

解説

風邪に対して適切に対処しないと起こりう
る危険を述べている。3〜6行目の「熱が
〜可能性もあります」はその例。

The doctor describes the risks that might arise if a cold is not
properly treated. The "熱が〜可能性もあります" on lines 3-6 are
an example of this.

医生在叙述对感冒不采取适当措施的话可能发生的危险。第3〜6
行的"熱が〜可能性もあります"是事例。

Người này đang liệt kê những rủi ro có thể xảy ra nếu không ứng
phó hợp lý với bệnh cảm. "熱が〜可能性もあります" ở dòng 3-6
là ví dụ.

---

6 回目

| 番　　　　正解 |　　　　　　　　　　　　　　　　　　　　p.20

スクリプト 35

テレビで専門家が話しています。

男：日本で1年間に排出されるプラスチックゴミは、およそ850万トンです。そのうち半分を
　　占めるのが、家庭などから出るプラスチックゴミです。家庭などから出るプラスチックゴミは、
　　捨てる時に食べ物などの汚れがついていたり、いろいろな種類のプラスチックが混ざってい
　　たりすることが多いので、リサイクルのコストが上がってしまいます。一方、工場などから
　　出るプラスチックゴミは、同じ種類のプラスチックがまとまって捨てられるため、再利用が
　　しやすいのです。それらはボールペンなど、様々な製品にリサイクルされています。

専門家はプラスチックゴミについて、どのようなことを言っていますか。

1　工場のゴミは、家庭のゴミより再利用しやすい

2　家庭のゴミは、工場のゴミより再利用しやすい

3　どちらのゴミも、再利用しやすい

4　どちらのゴミも、再利用が難しい

「工場などから出るプラスチックゴミは、同じ種類のプラスチックがまとまって捨てられるため、再利用がしやすいのです」と言っている。家庭などから出るプラスチックゴミについては「リサイクルのコストが上がってしまう」と言っている。「コスト」というのはかかる費用のこと。

The expert says, "工場などから出るプラスチックゴミは、同じ種類のプラスチックがまとまって捨てられるため、再利用がしやすいのです (Plastic waste from factories is easier to recycle because the same types of plastic are thrown out together)." When it comes to plastic waste from households, etc., he says, "リサイクルのコストが上がってしまう." "コスト" refers to money spent.

专家说 "工場などから出るプラスチックゴミは、同じ種類のプラスチックがまとまって捨てられるため、再利用がしやすいのです (工厂等地产生的塑料垃圾，都是相同种类汇总到一起丢掉的，所以更便于重新利用)"。关于家庭等产生的塑料垃圾，他说 "リサイクルのコストが上がってしまう"。"コスト" 指的是花费的金钱。

Chuyên gia nói "工場などから出るプラスチックゴミは、同じ種類のプラスチックがまとまって捨てられるため、再利用がしやすいのです (Còn rác nhựa từ nhà máy v.v., nhờ được thu gom và thải bỏ theo cùng loại nhựa nên dễ tái sử dụng)". Còn về rác nhựa từ gia đình v.v. thì nói là "リサイクルのコストが上がってしまう". "コスト" tức là chi phí tổn hao.

2番　正解　2　　　　　　　　　　　　　　　p.20

セミナーで男の人が話しています。

男：私の仕事は樹木医、つまり木のお医者さんです。公園や道路に植えてある木の健康を守って、
　　[15. 予測]
　　病気の木を元気にします。病気の木をそのままにしておくと、折れたり倒れたりする危険
　　があります。そうした木を、じっくり診断して、どんな手当てをするか考えます。手当ての
　　　　　　　　　　　　　　　　　　[18. オノマトペ]
　　方法としては、薬を使うこともあるのですが、木だけでなく、木が生えている土に薬を使
　　うこともあります。ほかにも木の枝を切るなどの方法がありますが、必要最小限にしていま
　　す。環境全体のことを考えて一番よい解決方法を探しています。まあ、私たちが息ができ
　　るのも元気な木がたくさんあるおかげですよね。

男の人は主に何について話していますか。

1　樹木が病気になる原因　　　2　樹木医の仕事内容

3　樹木を切ることの大切さ　　4　樹木が人間に与える影響

男の人は、病気の木を治したり切ったりする樹木医の仕事について話している。

1　木が病気になる原因については話していない。

The man is talking about the job of a tree surgeon, which involves healing or trimming sick trees.
1　He is not talking about the reasons that trees get sick.
3　He is not saying that it is important to trim trees.
4　He does say "私たちが息ができるのも元気な木がたくさんあるおかげ (The reason that we can breathe is that there are a lot of healthy trees)," but this is not his main point.

3　切ることが大切だとは言っていない。

4　「私たちが息ができるのも元気な木がたくさんあるおかげ」だと言っているが、これは話の中心ではない。

男子在叙述树木医生的工作，给树木治病或者砍掉树木。
1　男子没有提及树木生病的原因。
3　男子没有说砍掉树木很重要。
4　男子虽然说了"私たちが息ができるのも元気な木がたくさんあるおかげ（我们能够呼吸也是得益于有许多健康的树木）"，但这不是中心话题。

Người nam đang nói về công việc chữa trị hoặc cắt bỏ cây bệnh của bác sĩ cây xanh.
1　Không nói về nguyên nhân gây bệnh cho cây.
3　Không nói rằng việc cắt bỏ là quan trọng.
4　Tuy có nói " 私たちが息ができるのも元気な木がたくさんある おかげ (Chúng ta hít thở được cũng là nhờ có nhiều cây xanh khỏe mạnh)" nhưng đây không phải là trọng tâm câu chuyện.

3番　　正解　1　　　　　　　　　　　　　　　　　　p.20

スクリプト　🔊37

会社で課長が部下に話をしています。

女：仕事でのコミュニケーションでは、何かを相手に伝える時、自分が当たり前だと思っていることとほかの人が当たり前だと思っていることは違うと考えてください。たとえば、「会議の前に資料を配っておいてください」と言っても、どのぐらい前に配ったほうがいいかというのは、人によって違いますね。自分が思い込んでいることを相手に期待するのではなく、はっきりと時間や場所を言う必要があります。このオフィスではいろいろな人たちが働いているわけですから、こうした点を意識してください。

女の人が伝えたいことは何ですか。

1　何かを伝える時は具体的に言うこと

2　当たり前のことはいちいち確認しないこと

3　何かを伝える時ははっきりした声で話すこと

4　自分が何か言いたい時は遠慮しないこと

解説

女の人は「はっきりと時間や場所を言う必要があります」と言っている。これは相手に何かを伝える時に、具体的に内容を伝える必要があるということを意味する。

The woman says, "はっきりと時間や場所を言う必要があります (We need to give clear times and places)." This means that when we are trying to communicate something, we must give details.
2　"いちいち確認しない" means "to not confirm things again and again beyond what is necessary." The woman is talking about the importance of clear communication, not confirmation.
3　The woman says, "はっきりと時間や場所を言う必要があります," but in this dialog, "はっきりと" refers to the content, not the voice.
4　"遠慮する" means to understate something out of consideration for others. This is not what the woman is saying.

2 「いちいち確認しない」は、「必要以上に何度も確認しない」ということ。女の人は、確認することではなく、はっきりと伝えることの大切さについて話している。

3 「はっきりと時間や場所を言う必要があります」と言っているが、この話での「はっきりと」は声ではなく内容のことである。

4 「遠慮する」とは相手に気を使って控えめに言うことなので、ここには合わない。

女子说"はっきりと時間や場所を言う必要があります（必须明确说明时间和场所等）"。这句话意思是，在向对方传达信息时，必须传达具体的内容。
2 "いちいち確認しない"指的是"不要超出必要限度多次核实"。女子在叙述的是明确传达信息的重要性，不是关于核实的。
3 虽然女子说了"はっきりと時間や場所を言う必要があります"，但是这里的"はっきりと"指的是内容而不是声音。
4 "遠慮する"意思是顾及对方而谨慎地说，所以这里不合适。

Người nữ nói "はっきりと時間や場所を言う必要があります (Cần nói rõ thời gian và địa điểm)". Ý của câu này là khi truyền đạt điều gì đó cho đối phương thì cần truyền đạt nội dung cụ thể.
2 "いちいち確認しない" là "không xác nhận nhiều lần hơn mức cần thiết". Người nữ đang nói về tầm quan trọng của việc truyền đạt rõ ràng chứ không phải việc xác nhận.
3 Tuy có nói "はっきりと時間や場所を言う必要があります" nhưng "はっきりと" ở đây là để nói về nội dung chứ không phải giọng nói.
4 "遠慮する" nghĩa là nói giảm nói tránh vì nghĩ đến đối phương nên không phù hợp ở đây.

4番　正解 2　　　　　　　　　　　　　　　　p.21

スクリプト 🔊39

男：その話はもういいよ。
　　　　　　　　　4. イント(3)a
女：1　うん、もう少し話してもいいよ。

　　2　そんなこと言わないで、もう少し話そうよ。

　　3　本当にいい話だね。

解説

文の終わりが下がるイントネーションの「もういいよ」は「もう十分だ。これ以上必要ない」という意味。男の人はその話をしたくないと言っている。

1　男の人が話すことを許可する表現。男の人は話したくないと言っているので、誤り。

When someone says "もういいよ" with declining intonation at the end of the sentence, it means "That's enough. I don't want this anymore." The man is saying that he does not want to talk about it anymore.
1　An expression permitting the man to speak. The man is saying he does not want to talk, so this is wrong.

"もういいよ"句末语调下降意思是"已经足够了。没必要再做了"。男子说他不想再提这件事。
1　是准许男子说话的表达方式。男子说他不想再提了，所以错误。

"もういいよ" xuống giọng ở cuối câu nghĩa là "Đủ rồi. Không cần thêm nữa". Người nam đang nói rằng mình không muốn nói chuyện đó nữa.
1　Đây là mẫu diễn đạt cho phép người nam nói chuyện. Vì người nam đang nói là không muốn nói nữa nên đây là câu sai.

5番　　正解　1

スクリプト 🔊40

男：こんなに準備したんだから、失敗なんかするはずないよ。
　　　　　　　　　　　　　　　16. 複雑

女：1　うん、もうやるしかないね。
　　　　　　　　16. 複雑

　　2　そうだね。失敗しそうだよね。

　　3　もっと準備しとかなきゃね。

解説

「失敗なんかするはずない」は「絶対に失敗しないだろう」という強い否定の気持ちを表す表現。「やるしかない」は「実際にやるだけだ」という意味。この場合は、今までにするべき準備はすべてしたから、あとはやるだけだということ。

2　「失敗しそうだ」は「失敗する可能性が高い」という推測を表す表現。「そうだね」と男の人の発言に同意しているので、「失敗しそうだよね」は不適切。

3　「もっと準備しとかなきゃ」は「もっと準備しておかなければならない」を短くした言い方。

"失敗なんかするはずない" expresses a strong denial, "we will definitely not fail." "やるしかない" means "we've got to do it." In this case, it means that you have done all the preparation you need to do, and all you have to do now is to do it.

2　"失敗しそうだ" is a prediction as in, "there is a high possibility of failure." The woman agrees with the man by saying "そうだね," so "失敗しそうだよね" is not appropriate.

3　"もっと準備しとかなきゃ" is a shorter way of saying, "もっと準備しておかなければならない."

"失敗なんかするはずない"这句话表达了强烈的否定语气，意思是"绝对不会失败的"。"やるしかない"意思是"只是实际做"。这里指的是，之前应该做的准备已经全部做完了，剩余只是做了。

2　"失敗しそうだ"表达推测，意思是"很有可能失败"。女子说"そうだね"表示同意男子的发言，所以"失敗しそうだよね"不合适。

3　"もっと準備しとかなきゃ"是"もっと準備しておかなければならない"的缩略形式的说法。

"失敗なんかするはずない" là mẫu diễn đạt thể hiện cảm xúc phủ định mạnh mẽ rằng "Tuyệt đối sẽ không thất bại". "やるしかない" nghĩa là "Chỉ còn là thực hiện thôi". Trường hợp này ý nói là vì đã chuẩn bị hết mọi thứ cần thiết rồi nên còn lại chỉ là thực hiện thôi.

2　"失敗しそうだ" là mẫu diễn đạt thể hiện sự suy đoán "khả năng thất bại cao". Vì người nữ đồng tình "そうだね" với câu nói của người nam nên "失敗しそうだよね" là không phù hợp.

3　"もっと準備しとかなきゃ" là cách nói ngắn của "もっと準備しておかなければならない".

6番　　正解　3

スクリプト 🔊41

女：すみません。おたばこはご遠慮いただいているんですけど。
　　　　　　　　　　　　　10. 禁止　2. 敬語【謙 I 】

男：1　え？　吸ってもいいんですか。

　　2　いただけるんですか。どうもすみません。
　　　　　2. 敬語【謙 I 】

　　3　あ、気がつきませんでした。

解説

「おたばこはご遠慮いただいている」は「たばこを吸わないでください」という意味。

"おたばこはご遠慮いただいている" means "please do not smoke."

"おたばこはご遠慮いただいている" 意思是 "请不要吸烟"。

"おたばこはご遠慮いただいている" nghĩa là "Xin đừng hút thuốc".

7番　正解　3

スクリプト 🔊42

女：この店の料理、味がうすくて、なんか物足りないね。

男：1　足りない？　じゃあ、何かほかのものも注文しようか。

　　2　そうだね。もっとあっさりしていればいいのにね。
　　　　　　　　　　　18. オノマトペ

　　3　そうかな。ちょうどいいんじゃない？
　　　　　　　　　　11. 意見　4. イント(1)

解説

「物足りない」は、数や量が足りないのではなく、何かが欠けていて十分ではないという気持ちを表す表現。この場合、直前に「味がうすい」と言っている。「そうかな」は、相手の意見に同意していないことをやわらかく伝える表現。「～んじゃない？」は、「～と思う」という意味。

1　「足りない」は「数や量が十分ではない」という意味なので、ここには合わない。

2　料理の味で「あっさり」は、「油が少ない、味が濃すぎない」という意味。「味がうすい」と似た意味になる。

"物足りない" is an expression that expresses the sense of something missing or lacking, rather than insufficient numbers or volume. In this case, the woman says "味がうすい" right before. "そうかな" is a way of softening disagreement. "～んじゃない?" means "I think that ～."

1　"足りない" means "something is not enough in terms of number or quantity." But she is talking about the taste, not the number or quantity.

2　To say that the taste of food is "あっさり" means that "it is not greasy or overly seasoned." Its meaning is similar to "味がうすい."

"物足りない" 表达的不是数或者量不够，而是欠缺某种东西没感到满足这种心情。这里前面说了 "味がうすい"。"そうかな" 是委婉地表达不赞同对方观点的表达方式。"～んじゃない？" 意思是 "我觉得～"。

1　"足りない" 意思是 "数目或者数量不够"，在这里不合适。

2　"あっさり" 形容菜的味道时，意思是 "油少，味道不浓厚"。与 "味がうすい" 意思相近。

"物足りない" là mẫu diễn đạt thể hiện cảm xúc rằng có gì đó thiếu vắng nên không trọn vẹn, chứ không phải là thiếu về số hoặc lượng. Trong tình huống này, người nữ nói ngay trước đó là "味がうすい". "そうかな" là mẫu diễn đạt để biểu thị một cách mềm mỏng rằng mình không đồng tình với ý kiến của đối phương. "～んじゃない？" nghĩa là "Tôi cho rằng ～".

1　"足りない" nghĩa là "số hoặc lượng không đủ" nên không phù hợp ở đây.

2　"あっさり" nói về vị của món ăn nghĩa là "ít dầu mỡ, vị không quá đậm". Tương tự nghĩa với "味がうすい".

7 回目

1番　正解　1

スクリプト 🔊45

カルチャーセンターの受付で、女の人と男の人が話しています。

女：すみません、歌のクラスに入りたいと思っているんですが、いろいろありそうなので、ちょっと教えていただけますか。
　　　　6. 依頼　2. 敬語【謙I】

男：はい、時間や内容のご希望はありますか。

女：えーと、平日の午前中で、歌が下手な私でも続けられそうな教室がいいんですけど。通っていらっしゃるほかの方とも親しくなれるような雰囲気の。

男：そうですねえ。水曜10時からの『ボイトレ』クラスはどうですか。基本的な声の出し方から始めます。低い音から高い音までの声の出し方を習ったら、歌を練習します。こちらのクラスは時々参加者の皆さんで交流会をやってるみたいです。

女：へえ。いいですね。

男：それから、カラオケの練習だったら、火曜9時半からの『レッツカラオケ』クラスがあります。これは自分の好きな歌を選んで、クラスの中で練習します。参加者同士の交流があるかどうかは、ちょっとわからないんですけど……。

女：ふーん。

男：それから、日曜日ですけど、10時からの『ゴスペル』クラス。ピアノにあわせて、教会で歌われるような歌を練習します。音楽に合わせて体を動かしながら歌うんですよ。

女：ああ、映画で見たことがあります。楽しいでしょうね。

男：このクラスは皆さん仲が良くて、いろんな所で一緒にボランティアをしているそうですよ。あとは……、水曜と土曜の午前の週2回のクラスなんですが、『たけのこコーラス』。ちょっと厳しいですけど、上達するには、こちらがおすすめです。

女：うーん、迷いますねえ。でもやっぱり、週末は空けときたいんですよね。それから、教室

以外にも仲良くなれる機会があるほうがいいから、えーと、こちらの教室、見学できますか。

女の人はどのクラスを見学したいと言っていますか。

1　『ボイトレ』クラス　　　2　『レッツカラオケ』クラス

3　『ゴスペル』クラス　　　4　『たけのこコーラス』クラス

メモの例

1	ボイトレ	：水曜10時から、基本的な声の出し方から始める、時々交流会をやる
2	レッツカラオケ	：火曜9時半から、好きな歌を練習する、交流があるかわからない
3	ゴスペル	：日曜10時から、教会で歌われるような歌を歌う、仲が良く、ボランティアをする
4	たけのこコーラス	：水曜、土曜の午前のクラス、厳しい

女の人は、「やっぱり、週末は空けときたいんですよね」「教室以外にも仲良くなれる機会があるほうがいい」と言っている。平日だけのクラスは『ボイトレ』クラスと『レッツカラオケ』クラスだけ。そのうち、ほかの人と交流があると今わかっているのは、『ボイトレ』クラス。

The woman says that "やっぱり、週末は空けときたいんですよね (Actually, I want to keep my weekends free)" and "教室以外にも仲良くなれる機会があるほうがいい (I want to have opportunities to get to know each other outside the classroom too)." The only weekday classes are "ボイトレ" and "レッツカラオケ." At this stage, "ボイトレ" is the one known to offer exchanges with others.

女子说 "やっぱり、週末は空けときたいんですよね (还是想把周末空出来)" "教室以外にも仲良くなれる機会があるほうがいい (除了课堂也能与大家搞好关系的最好)"。只在平日里上课的班只有 "ボイトレ" 和 "レッツカラオケ"。这两个班中，现在知道的和别人有交流的是 "ボイトレ" 班。

Người nữ nói "やっぱり、週末は空けときたいんですよね (Đúng là tôi muốn chừa cuối tuần ra)", "教室以外にも仲良くなれる機会があるほうがいい (Có cơ hội kết thân cả ở bên ngoài lớp học thì tốt hơn)". Lớp học vào ngày thường chỉ có lớp "ボイトレ" và lớp "レッツカラオケ". Trong đó, hiện tại biết rằng có giao lưu với người khác là lớp "ボイトレ".

2番　正解　3　　　　　　　　　　　　　　　　　　p.26

スクリプト 🔊46

店で男の店員と女の人が話しています。

女：すみません、仕事用のかばんを探しているんですけど。

男：はい、どのようなものがよろしいでしょうか。

女：パソコンが入るくらいの大きさのがほしいんです。

男：そうですねえ。じゃ、こちらの白いかばんはいかがでしょうか。軽くて、お値段もお手頃ですし。
　　<u>4. イント(4)a</u>　　　　　　　　　　　　　　　　　<u>9. 助言・提案</u>

女：うーん、そうですねえ。ポケットがついているほうがいいんですけど。私、整理が下手で、
　　<u>4. イント(4)a</u>
　　よくかばんの中でいろんな物が見つからなくなっちゃうので。それに、白は汚れやすいし
　　……。

男：ああ、そうしましたら、こちらの黒いのはいかがでしょうか。外と中にポケットがたくさ
　　　　　　　　　　　　　　　　　　　　<u>9. 助言・提案</u>
　　んあって、ペンなどもここに入れることができます。それに丈夫です。どうぞ、こちら、
　　お持ちになってみてください。
　　<u>2. 敬語【尊】</u>

女：あー、ちょっと重いかな。それにポケットが多すぎて、ごちゃごちゃしているなあ。できれ
　　　　　　　　　　　　　　　　　　　　　　　　　　<u>18. オノマトペ</u>　　　　　<u>17. 副詞</u>
　　ばもう少しすっきりしたデザインのほうが。
　　<u>18. オノマトペ</u>

男：えーと、そうですねえ。では、こちらの紺色のは？　どうぞ。
　　　　　<u>4. イント(4)a</u>　　　　　　　<u>9. 助言・提案</u>

女：ああ、これは持ちやすいですね。軽いです。

男：そうなんです。あと、こちらの茶色のかばんも機能的で、よく売れていまして。

28

女：それも使いやすそうですね。迷うな。でも、その色はあまり……。このすっきりしたデザインのほうがいいな。色も合わせやすいし。じゃ、これをお願いします。 18. オノマトペ

女の人はどのかばんを買いましたか。

1 白いかばん　　2 黒いかばん

3 紺色のかばん　4 茶色のかばん

メモの例

```
1  白いかばん　　：軽い、ポケットがない、汚れやすい
2  黒いかばん　　：ポケットはついているが多すぎる、重い
3  紺色のかばん：持ちやすい、軽い
4  茶色のかばん：機能的、売れている
```

解説

女の人はすっきりしたデザイン（ポケットが多すぎない）で軽い、紺色のかばんを選んだ。茶色のかばんは「その色はあまり（好きではない）」と言い、やめた。

The woman chose a light, navy blue bag with a clean design (without too many pockets). She did not buy the brown bag, saying, "その色はあまり（好きではない）."

女子选择了藏蓝色的包，设计简洁（没有太多的口袋）、轻便。对于茶色的包，她说 "その色はあまり（好きではない）"，没有要。

Người nữ đã chọn giỏ xách màu xanh dương đậm, nhẹ và có kiểu dáng gọn gàng (không quá nhiều túi). Người nữ nói cái giỏ xách màu nâu là "その色はあまり（好きではない）" và không chọn nó.

8 回目

| 番　　正解 |

p.27

スクリプト 🔊48

家族3人が旅行で泊まるところについて話しています。

女1：西山で泊まるところ、どんなところがいいかな。

男　：インターネットで調べてみようか。検索条件は……駅から近いところがいいかな。

女1：うん、そのほうが便利だしね。ただ、駅の近くだと、お城に行くのにバスで20分かかるよ。 15. 予測

それに町の中だから、海も見えないし、もう少し景色のいいところのほうが。せっかく旅
行に行くんだから。

17. 副詞

女2：確かに、景色はいいほうがいいけど、私はそれより、料理がおいしいところがいいよ。

15. 予測

例えば、ここなんかどう？　ほら、この写真見て。豪華だよ。泊まった人の評価もなかな

12. 評価

かだって。

女1：うーん、でも、そこは高いでしょう？

女2：このサイトから予約すると、少し安くなるって。あ、今なら20%割引きだよ。

男　：あ、そういえば、お姉ちゃん美術館に行きたいって言ってなかったっけ？

女1：そう。もともと美術館に行きたくて、西山にしたんだから。時間があれば、何度でも行

きたいよ。

女2：じゃあ、やっぱり美術館の近くがいいか。美術館はどこにあるの？

15. 予測

女1：駅のわりと近く。

17. 副詞

男　：そうすると、お城からは遠くなるね。

女2：でも、お城にはバスで行けばいいんじゃない？　バスならそんなにお金もかからないし。

9. 助言・提案　4. イント(1)

女1：じゃ、その条件で探すか。

3人はどんなホテルを探しますか。

1　駅から近いホテル　　　　2　眺めがいいホテル

3　料理がおいしいホテル　　4　20%割引きのホテル

解説

話の後半で、男の人が、女の人1が美術館
に行きたがっていることを思い出し、美術
館の近くのホテルにすることにした。美術
館は駅の近くなので、駅から近いホテルを
探す。

In the second half of the dialogue, the man remembered that Woman 1 wants to go to the art gallery, so they decided to book a hotel near the gallery. The art gallery is near the train station, so he will search for a hotel near the station.

对话后半部分，男子想起来女子 1 想去美术馆，决定选择离美术馆近的宾馆。美术馆离车站很近，因此查找离车站近的宾馆。

Trong nửa sau của hội thoại, người nam nhớ ra rằng người nữ 1 muốn đi bảo tàng mỹ thuật và quyết định chọn khách sạn ở gần bảo tàng mỹ thuật. Vì bảo tàng mỹ thuật gần nhà ga nên sẽ chọn khách sạn gần ga.

スクリプト　🔊49

市役所の人3人が花壇について話しています。

男1：駅前の花壇だけど、来年の春に向けて何を植えたらいいか考えてくれましたか。

女　：毎年、赤や黄色の小さい花をたくさん植えてますよね。今回は花壇全体に緑の葉がきれ

　　　いな植物を植えるのはどうでしょうか。
　　　　　　　　　　　　9. 助言・提案
男1：なるほど。ずいぶん変わった感じになるだろうね。

女　：花は咲きませんが、花壇に緑色があるだけで、春の生き生きしたイメージが駅前を通る

　　　人に伝わると思うんです。

男2：でも、花が咲いていないと、ちょっと寂しいんじゃないでしょうか。天気が悪い日には
　　　　　　　　　　　　　　　　　　　　　　　11. 意見
　　　緑だけの花壇は暗くならないかな。

女　：そうでしょうか。この植物、かなり明るい緑色ですし、暗い感じにはならないかと思いますが。
　　　11. 意見(反論・前置き)　　　　　　　　　　　　　　　　　　　　　　　11. 意見(反論)
　　　それに、とてもいい香りがするので、通る人を爽やかな気分にさせると思うんですけど。
　　　　　　　　　　　　　　　　　　　　　　　　　　　　　　　11. 意見
男2：うーん。確かにそうかもしれないけど、子どもたちも通るんだから、やっぱりいろいろな
　　　　　　　　11. 意見(反論・前置き)　　　　　　　　　　　　　　15. 予測
　　　色の花があったほうが楽しいんじゃないでしょうか。
　　　　　　　　　　　　　11. 意見
女　：確かに、子どもたちは花があったほうが喜びますね。じゃあ、歩道側には花を植える

　　　のはどうですか。
　　　　　　9. 助言・提案
男2：ああ、それなら明るい感じがしますね。

女　：ピンクや青の花を選べば、この緑の葉っぱとよく合うと思います。

男1：いい考えだけど、予算は大丈夫ですか。

女　：はい。緑の植物はすぐに大きくなって増えるので、たくさん植えなくても大丈夫です。

男1：じゃあ、来年はそうしましょう。

来年の春に向けて駅前の花壇に何を植えますか。

1　全体に明るい緑の植物を植える

2　全体に赤や黄色の花が咲く植物を植える

3　歩道側に緑の植物、それ以外の場所には花が咲く植物を植える

4　歩道側に花が咲く植物、それ以外の場所には緑の植物を植える

女の人は「花壇全体に緑の葉がきれいな植物を植えるのはどうでしょうか」と言ったが、男の人2は子どもたちも通るから「やっぱりいろいろな色の花があったほうが楽しい」と言った。そこで女の人は歩道側だけに花を植えることを提案し、それに決まった。

The woman says, "花壇全体に緑の葉がきれいな植物を植えるのはどうでしょうか (How about putting in plants with beautiful green leaves all across the flower bed?)" But Man 2, thinking of passing children, replies, "やっぱりいろいろな色の花があったほうが楽しい (It would be more fun to have different-colored flowers)." The woman then suggests planting flowers only on the edges of the path, and the decision is made to do this.

女子说"花壇全体に緑の葉がきれいな植物を植えるのはどうでしょうか（整个花坛都栽上有漂亮的绿色叶子的植物怎么样）"，但是男子2说孩子们也会经过那里所以"やっぱりいろいろな色の花があったほうが楽しい（还是有各种颜色花朵的更让人愉快）"。因此女子提议只是靠近人行道一侧种上花，最后采纳了这个提议。

Người nữ nói "花壇全体に緑の葉がきれいな植物を植えるのはどうでしょうか (Trồng loại cây có lá xanh đẹp vào toàn bộ bồn hoa thì thế nào?)" nhưng người nam 2 nói có cả trẻ em qua lại nên "やっぱりいろいろな色の花があったほうが楽しい (Đúng là có hoa nhiều màu thì vui mắt hơn)". Sau đó người nữ đề xuất chỉ trồng hoa ở phía có đường đi và đã được quyết định như vậy.

3番　　正解　3　　　　　　　　　　　　　　　　p.27

スクリプト　🔊50

かばんの店の店長と店員2人が話しています。

女1：最近、インターネットでの商品の売り上げが伸びていないんです。今後どうしたらいいか、遠慮なく意見を言ってくれますか。今井さん、どうですか。

女2：そうですねえ。商品の質はほかの店にぜんぜん負けていないと思います。バッグも財布
　　　<u>4. イント(4)a</u>
　　も材料の革の質が高くて、長く使えますし。それにデザインも新しくなって、ずいぶんよくなりましたよね。ただ、写真の撮り方を改善したほうが……。
　　　　　　　　　　　　　　　　　　　　　　　　　　　　　15. 予測

女1：ああ、<u>たまに</u>写真と実物の色が<u>違っていたっていうご意見をいただく</u>ことがあります
　　　　　17. 副詞　　　　　　　　　　　　　　　　　　　　　　　2. 敬語【謙I】
　　が……。黒田さんはどう思いますか。

男　：うーん、<u>確かにそういう意見もありますが</u>、それはそんなに<u>大きな問題じゃないんじゃな</u>
　　　　　　11. 意見(反論・前置き)　　　　　　　　　　　　　　　　　　　11. 意見(反論)
　　<u>い</u>でしょうか。

女1：そうですか。

男　：それより、ホームページ全体のイメージが、新しくなった商品と合わなくなってきた
　　　　　15. 予測
　　<u>ように思います</u>。もっと<u>すっきりと</u>、シンプルでおしゃれな感じに<u>するのはどうですか</u>。
　　　11. 意見　　　　18. オノマトペ　　　　　　　　　　　　　　9. 助言・提案

女1：うーん、私もそれは感じていました。あと、商品の説明ももっと細かい点まで書いたほうが。

女2：あ、説明は、<u>今のままでもいいと思います</u>。あまり字が多すぎると、<u>かえって</u>読まれなく
　　　　　　　　　　　11. 意見　　　　　　　　　　　　　　　　　　17. 副詞
　　なる恐れが……。

女1：ああ、なるほど。じゃ、さっき黒田さんが言ってくれたことをやってみましょう。

商品の売り上げを伸ばすために何をすることにしましたか。

1　商品のデザインをよくする

2　写真の撮り方を改善する

3　ホームページのデザインを変える

4　商品の説明をもっと詳しくする

解説

はじめ、女の人2が写真の撮り方を変えることを提案したが、男の人は「それより、ホームページ全体のイメージが、新しくなった商品と合わなくなってきた」と言っている。最後に女の人1が男の人が言ったことをやろうといって、ホームページのデザインを変えることを決めている。

1　商品のデザインは、新しくなって、ずいぶんよくなったと言っている。

2　女の人1が写真の色の問題を取り上げたが、それに対し、男の人は「そんなに大きな問題じゃないんじゃないでしょうか。（＝大きな問題じゃないと思う）」と言っている。

4　説明は今のままでいいと言っている。

At first, Woman 2 proposes changing the way the photos are taken, but the man says, "それより、ホームページ全体のイメージが、新しくなった商品と合わなくなってきた (More than that, the overall look of the website does not match the new products)." Finally, Woman 1 says she will do what the man said, and they decide to change the design of the website.

1　Woman 2 says that the product design has been refreshed and has become much better.

2　Woman 1 raised the issue of the photos' colors, to which the man responds, "そんなに大きな問題じゃないんじゃないでしょうか (i.e., he does not consider it a major problem)."

4　Woman 2 says that the explanations are fine as they are.

最初，女子2提议改变拍照方式，男子说"それより、ホームページ全体のイメージが、新しくなった商品と合わなくなってきた（更重要的是，官网的整体风格与更新的商品不搭配）"。最后女子1说要按照男子的建议做，决定改变官网的设计风格。

1　女子2说商品设计更新了，非常好。

2　女子1提及了照片的色彩问题，对此男子说"そんなに大きな問題じゃないんじゃないでしょうか。（＝我觉得不是大问题）"。

4　女子2说讲解保持现状即可。

Lúc đầu, người nữ 2 đề xuất thay đổi cách chụp hình nhưng người nam nói "それより、ホームページ全体のイメージが、新しくなった商品と合わなくなってきた (Thay vào đó, hình ảnh chung của trang web không còn tương xứng với sản phẩm mới nữa)". Cuối cùng, người nữ 1 nói hãy làm điều người nam đã nói và quyết định thay đổi thiết kế của trang web.

1　Kiểu dáng sản phẩm đã được nhận xét là mới và tốt hơn khá nhiều rồi.

2　Tuy người nữ 1 có đề cập đến vấn đề về màu của hình chụp nhưng đáp lại điều đó, người nam đã nói "そんなに大きな問題じゃないんじゃないでしょうか。(= Tôi nghĩ đó không phải là vấn đề lớn)".

4　Có nói rằng phần thuyết minh cứ để nguyên là được.

4番　正解　I

スクリプト　🔊52

女：小さい子どもが遊ぶ公園で、こんなことが起きるなんて。

男：1　安全対策をしたほうがいいんじゃないでしょうか。
　　　　　　　　　　　9. 助言・提案

　　　2　ほかのところでも、まねしてもらいたいですよね。

　　　3　十分な対策を取っておいてよかったですね。

解説

女の人は公園では危険なことは起きないと信じていたのに、「こんなこと（＝事件・事故などのよくないこと）」が起きたと言っている。「なんて」のあとには、「驚いた」などが省略されている。

Although the woman believed that nothing dangerous would happen in the park, she says that there has been "こんなこと (i.e., something bad like an incident or accident)." The "驚いた" or similar words were left out after "なんて."

女子相信在公园里不会发生危险的事情，但是她说发生了"こんなこと（＝案件、事故等不好的事情）"。"なんて"后面省略了"驚いた"等。

Người nữ nói đã tin là ở công viên thì không xảy ra chuyện nguy hiểm nhưng "こんなこと (= chuyện không hay như vụ án, tai nạn v.v.)" lại xảy ra. Sau "なんて" là "驚いた" v.v. được lược bỏ.

5番　正解　I

p.27

スクリプト　🔊53

女：今年度は予算がなくて、体育館の修理はあきらめざるをえなかったんです。
　　　　　　　　　　　　　　　　　　　　　　16. 複雑

男：1　それは残念です。来年度はぜひ実現させたいですね。
　　　　　　　　　　　　　　　17. 副詞
　　　2　そうは言っても、修理できてよかったですね。
　　　3　ええ、今年度はあきらめるわけにはいきませんよね。
　　　　　　　　　　　　　　　　　　　16. 複雑

解説

「あきらめざるをえなかった」とは、「（自分はあきらめたくなかったが、しかたなく）あきらめなければならなかった」という意味。

2　「修理できてよかったですね」と言っているが、今年度は体育館の修理はしない。

3　「あきらめるわけにはいかない」は「あきらめることはできない」という強い気持ちを表すが、今年度は体育館の修理をしないということがすでに決まっている。

"あきらめざるをえなかった" means "we had to give up (even though we did not want to)."
2　The gym will not be repaired this year. So, "修理できてよかったですね" is inappropriate.
3　"あきらめるわけにはいかない" expresses the strong feeling that "we cannot give up," but it has already been decided that the gym will not be repaired this fiscal year.

"あきらめざるをえなかった" 意思是 "（虽然自己不想放弃，但是没有办法）必须放弃"。
2　选项说"修理できてよかったですね"，但是本年度不维修体育馆。
3　虽然"あきらめるわけにはいかない"表达"不能放弃"这种强烈的心情，但是本年度不维修体育馆这件事已经决定了。

"あきらめざるをえなかった" nghĩa là "(Tuy bản thân không muốn nhưng bất đắc dĩ) phải từ bỏ".
2　Nói là "修理できてよかったですね" nhưng trong năm tài chính này sẽ không sửa nhà thi đấu.
3　"あきらめるわけにはいかない" là để thể hiện cảm xúc mạnh rằng "không thể từ bỏ được" nhưng việc không sửa nhà thi đấu trong năm tài chính này đã được quyết định.

| 番 | 正解 | 質問1 | 2 | 質問2 | 3 | | p.31 |

スクリプト 🔊56

公園の受付で係の人の説明を聞いて男の人と女の人が話しています。

男1：緑ヶ丘公園ボランティアの皆さん、こんにちは。今から、今日やっていただく仕事を説明します。4つの仕事の中から一つ選んで参加してください。まず、一つ目は、散歩道の掃除です。通路に落ちているゴミや葉っぱを拾ってください。それから、二つ目は、こども広場の整備です。機械を使って芝生の手入れをします。機械は事務室の裏の倉庫にあります。三つ目は花壇の手入れです。花壇にいろいろな花が植えてあるんですが、それを入れ替えます。四つ目はトイレの掃除です。掃除に使う道具はトイレの中の戸棚に置いてありますので、それを使ってください。

男2：どうしようかな。たまにはトイレ掃除しようかな。家ではあんまり掃除しないから。

女　：えー！　まもるくん、掃除しないの？　だったら、散歩道の掃除にしといたら？　トイレ大変だよ。

男2：ほかの人に教えてもらうから大丈夫だよ。すーちゃんは？　こども広場の整備？　あそこ、広くて気持ちいいんだよね。

女　：そうねえ。うーん。花を入れ替えるのを手伝う。土や花にさわるの楽しいもん。機械は重いし、使うのも難しそうだし。

男2：そうか。整備は機械使うんだよね。じゃあ、ぼくそっちやろう。おじいちゃんのうち、庭を芝生にしたんだって。ここで機械の使い方覚えておじいちゃんに教えてあげよう。

女　：あー、それもいいね。

質問1　男の人は、どの仕事をしますか。

質問2　女の人は、どの仕事をしますか。

メモの例

```
一つ目（ひとめ）  散歩道の掃除（さんぽみちそうじ）   ：ゴミや葉っぱを拾う（ひろう）
二つ目（ふたつめ）  こども広場の整備（ひろばせいび）：芝生の手入れ（しばふてい）、機械を使う（きかいつかう）
三つ目（みっつめ）  花壇の手入れ（かだんてい）     ：花を入れ替える（はないかえる）
四つ目（よっつめ）  トイレの掃除（そうじ）        ：道具（どうぐ）はトイレの棚にある（たな）
```

解説（かいせつ）

質問 I（しつもん）

男の人（おとこひと）は、はじめは「トイレの掃除（そうじ）」をしようと思っていたが、機械の使い方（きかいつかかた）をおじいちゃんに教えられる（おし）と思った（おも）ので、「こども広場の整備（ひろばせいび）」に変えた（か）。

質問 2（しつもん）

女の人（おんなひと）は、土や花（つちはな）にさわりたいので、「花壇の手入れ（はなだんてい）」にした。

Question I
The man thought that he would do "トイレの掃除" at first, but he switched to "こども広場の整備" because he would be able to teach his grandpa how to use the equipment.
提问 1
男子最初想要做〝トイレの掃除〞，但是觉得可以教会爷爷如何使用机器，因此改变为〝こども広場の整備〞。
Câu hỏi 1
Người nam lúc đầu định làm "トイレの掃除" nhưng nghĩ rằng có thể chỉ lại cho ông của mình cách sử dụng máy nên đổi thành "こども広場の整備".

Question 2
The woman wants to touch the soil and flowers, so she chose "花壇の手入れ."
提问 2
女子想要接触泥土和花，因此选择了〝花壇の手入れ〞。
Câu hỏi 2
Người nữ muốn chạm vào đất và hoa nên đã chọn "花壇の手入れ".

2番（ばん）　　正解（せいかい）　質問I（しつもん）　3　　質問2（しつもん）　2　　　　　　　　　p.31

スクリプト 🔊57

ラジオで、映画（えいが）のチケットの話（はなし）を聞いて（き）、きょうだいが話して（はな）います。

女 1（おんな）：次は（つぎ）、今週（こんしゅう）の映画（えいが）のチケットプレゼントです。ご紹介（しょうかい）する4本（ほん）の中（なか）から1本（ぼん）選んで（えら）、ウェブサイトからお申し込み（もうこ）ください。抽選（ちゅうせん）で100名（めい）の方（かた）にペアの券（けん）をさしあげます。まず、
<u>6.依頼 2.敬語【尊】</u>　　　　　　　　　　　　　　　　　　　　　　　<u>2.敬語【謙 I】</u>

1本目（ほんめ）は、世界中（せかいじゅう）で大人気（だいにんき）の宇宙（うちゅう）ポリスシリーズの最新作（さいしんさく）「ポリスフォーエバー」。今回（こんかい）もポリスたちが派手（はで）なアクションで悪（あく）の組織（そしき）をやっつけます。<u>はらはら</u>　<u>どきどき</u>の連続（れんぞく）
<u>18.オノマトペ</u>　<u>18.オノマトペ</u>
です。2本目（ほんめ）は、日本映画（にほんえいが）「猫（ねこ）のごはん」。猫（ねこ）と老人（ろうじん）の穏やか（おだ）な日常（にちじょう）を描いた（えが）映画（えいが）で、特（とく）に事件（じけん）が起こる（お）<u>わけではない</u>んですが、見て（み）いると幸せ（しあわ）な気持ち（きも）になります。3本目（ほんめ）は、
<u>16.複雑</u>
イタリア映画（えいが）「海辺（うみべ）のロボット」です。高校生（こうこうせい）とロボットとの交流（こうりゅう）を描きます（えが）。4本目（ほんめ）は、アニメ「忍者（にんじゃ）はどこにいる？」。アニメですが、大人（おとな）も楽しめ（たの）ます。ただし、最後（さいご）の2つは上映期間（じょうえいきかん）が今月（こんげつ）までとなっています。<u>ご注意（ちゅうい）ください</u>。
<u>6.依頼 2.敬語【尊】</u>

36

女２：お兄ちゃん、今週も何か申し込む？

男　：うん、「猫のごはん」、申し込んでみようかな。

女２：え？　猫の映画？　お兄ちゃんらしくないね。あ、わかった。緑さん、誘うんでしょう。緑さん、猫が好きだって言ってたよね。一緒に行ってくれるといいね。

男　：うるさいな。ユリは、何申し込む？

女２：うーん、私も猫の映画がいいなあ。でも、「海辺のロボット」にも、興味ある。この映画の音楽、好きな歌手が歌ってるんだよね。

男　：え、だれ？　あ、この歌手、緑ちゃんも大ファンなんだよ。

女２：じゃあ、こっちのほうがいいんじゃない？
　　　　　　　9. 助言・提案　4. イント（I）

男　：そうだね。じゃ、これにする。緑ちゃん、絶対見たがると思う。

女２：じゃあ私は……あ、30日に英語の試験があるんだった。今月は映画なんか見てる暇ないな……。やっぱりこっちにしよう。
　　　　　　　15. 予測

質問１　男の人はどの映画に申し込みますか。

質問２　女の人はどの映画に申し込みますか。

メモの例

1	1本目：ポリスフォーエバー
2	2本目：猫のごはん
3	3本目：海辺のロボット　今月まで
4	4本目：忍者はどこにいる？　今月まで

解説

質問 I

男の人は、はじめは猫好きな緑さんのために「猫のごはん」にしようと思った。しかし、「海辺のロボット」の音楽は緑さんの好きな歌手が歌っているから、女の人に「こっちのほうがいいんじゃない？（＝いいと思う）」と言われて、「そうだね。じゃ、これにする」と言った。

Question I
At first, the man thought about choosing "猫のごはん" because Midori-san likes cats. However, the songs in "海辺のロボット" are by Midori-san's favorite artist so when the woman asked, "こっちのほうがいいんじゃない？ (I think this would be better)," he replied, "そうだね。じゃ、これにする."

提问 1
男子最初想要为喜爱猫的绿小姐选"猫のごはん"。但是"海辺のロボット"的背景音乐是绿小姐喜爱的歌手演唱的，因此女子跟他说"こっちのほうがいいんじゃない？（＝认为合适）"之后，他说"そうだね。じゃ、これにする"。

Câu hỏi 1
Người nam lúc đầu định chọn "猫のごはん" vì Midori thích mèo. Nhưng "海辺のロボット" có nhạc do ca sĩ mà Midori hâm mộ hát nên khi người nữ nói "こっちのほうがいいんじゃない？ (= Em nghĩ là được đó)" thì người nam nói "そうだね。じゃ、これにする".

質問2

女の人は最初「猫のごはん」か「海辺のロボット」で迷っていた。しかし、今月は英語の勉強をしなければいけないため、「映画なんか見てる暇ないな」と言った。「海辺のロボット」は、上映期間が今月までなので、「猫のごはん」にする。

Question 2
At first, the woman couldn't decide between "猫のごはん" and "海辺のロボット." However, as she needs to study English this month, she says, "映画なんか見てる暇ないな." "海辺のロボット" is only showing until the end of this month, so she decides on "猫のごはん."

提问2
女子最初在"猫のごはん""海辺のロボット"之间犹豫不定。但是她这个月必须学习英语，因此说"映画なんか見てる暇ないな"。"海辺のロボット"的上映时间截止到本月月底，因此她选择"猫のごはん"。

Câu hỏi 2
Người nữ lúc đầu phân vân giữa "猫のごはん" và "海辺のロボット". Nhưng vì tháng này phải học tiếng Anh nên đã nói "映画なんか見てる暇ないな". Vì "海辺のロボット" chỉ chiếu trong tháng này nên người nữ sẽ chọn "猫のごはん".

10 回目

| 番   正解 3   p.32

スクリプト 🔊59

会社で女の人と男の人が話しています。男の人はこのあと何をしますか。

女：今田さん、お客様相談係の人から連絡があって、最近うちの豆腐の味が落ちたって電話が

　　入るようになったんだそうです。

男：ええ！　本当に？

女：はい。ここ2週間で5件も来ているそうで……。

男：それは無視するわけにはいかないね。原料の豆はずっと同じものを使っているからそれが
　　　　　　　16. 複雑
　　原因の可能性は低いと思うけど。
　　　　　　　　　　11. 意見
女：豆を保存している倉庫に何か問題があるんじゃないでしょうか。
　　　　　　　　　　　　　　　　　　　　　　　　　11. 意見
男：うーん、豆の管理には気を使っているから大丈夫だと思うよ。
　　　　　　　　　　　　　　　　　　　　　　　11. 意見
女：そうですか。ほかに味に関係することといえば、水ですかね。

男：うん、水の品質管理は難しいからね。そのほかには工場での製造過程のトラブルだね。特

　　に問題があったとは聞いていないけど、一応、電話してみるよ。
　　　　　　　　　　　　　　　　　　　17. 副詞
女：水については品質管理部に確認ですね。

男：頼める？
　　6. 依頼
女：はい、承知しました。
　　　　　　6. 依頼(2)

男の人はこのあと何をしますか。

解説

男の人は「そのほかには工場での製造過程のトラブルだね」「一応、電話してみるよ」と言っているので、工場に問い合わせる。

1　男の人は「豆の管理には気を使っているから大丈夫だと思うよ」と言っている。

2　水を調査するかどうかについては話していない。

4　品質管理部への確認は女の人がする。

The man says, "そのほかには工場での製造過程のトラブルだね (Otherwise, it could be a problem in the production process at the factory)," and "一応、電話してみるよ (I will call the factory just in case)" so he will contact the factory.
1　The man says, "豆の管理には気を使っているから大丈夫だと思うよ (We are very careful about managing our beans, so that should be fine)."
2　They do not talk about whether to investigate the water.
4　It is the woman who will check with the Quality Management Department.

男子说 "そのほかには工場での製造過程のトラブルだね (其他就可能是工厂生产过程中的问题)" "一応、電話してみるよ (暂且打电话看看)"，所以他要向工厂问询。
1　男子说 "豆の管理には気を使っているから大丈夫だと思うよ (对大豆的管理一直很用心所以认为没有问题)"。
2　没有提及是否调查水质。
4　向质量管理部门核实是女子要做的事。

Người nam nói "そのほかには工場での製造過程のトラブルだね (Ngoài ra còn có vấn đề trong quá trình sản xuất ở nhà máy)", "一応、電話してみるよ (Tạm thời, tôi sẽ gọi điện thử)" nên sẽ liên lạc với nhà máy.
1　Người nam nói "豆の管理には気を使っているから大丈夫だと思うよ (Chúng ta luôn cẩn thận về chuyện bảo quản đậu nên tôi nghĩ không sao đâu)".
2　Không nói gì đến chuyện có điều tra về nước hay không.
4　Người nữ sẽ xác nhận lại với phòng Quản lý chất lượng sản phẩm.

2番　正解　3　　　　　　　　　　　　　　p.32

スクリプト 🔊61

女の人が引っ越し会社の人と話しています。女の人はいつ引っ越しますか。

女：再来月の 30 日に引っ越しを考えているんですが、やっぱり月末は高いですよね。

男：ええ、月末はお引っ越しになるお客様が多いので。特に 30 日は土曜日なので……。こちら
2. 敬語【尊】
　　のお値段になります。

女：わあ、やっぱり高いですね。これだとちょっと……。

男：平日でしたら、月末でも少しお安くなりますよ。こちらです。

女：あ、土日と比べるとだいぶ違いますね。28 日なら休めるから、この日に引っ越すことにし
17. 副詞
　　よう。あ、でも、たとえば、15 日ぐらいだともっと安くなるんですか。

男：20 日以前ですと、平日引っ越しパックというプランがお安くなります。こちらのお値段です。

女：すごく違いますね。安いなあ。15 日なら休めるかも。休んじゃおうかなあ。

男：じゃあ、こちらになさいますか。
2. 敬語【尊】

女：あー、でも、20日以前はプレゼンの締め切りもあるし、報告書をまとめないといけないし、やっぱり休めないか。しかたない。休めるこの日に引っ越そう。
15. 予測

男：はい、それではこちらで承ります。
2. 敬語【謙Ⅰ】

女の人はいつ引っ越しますか。

解説

月末でも平日は安いので、女の人は「28日なら休めるから、この日に引っ越すことにしよう」と言った。20日以前は「平日引っ越しパック」がさらに安いと言われたが、女の人は「やっぱり休めないか。しかたない。休めるこの日（＝28日）に引っ越そう」と言った。

The woman said "28日なら休めるから、この日に引っ越すことにしよう (I can take the day off on the 28th, so I will move on that day)," because weekdays are cheaper, even at the end of the month. She was told that the "平日引っ越しパック" before the 20th is even cheaper but she said, "やっぱり休めないか。しかたない。休めるこの日（＝28日）に引っ越そう (I guess I can't take the day off then. It can't be helped. I will move on the day (i.e., the 28th) when I can take the day off)."

即使是月末平日也很便宜，女子说"28日なら休めるから、この日に引っ越すことにしよう（28号能够请假，所以定在这一天搬家吧）"。虽然女子被告知20号之前的"平日引っ越しパック"会更便宜，但是她说"やっぱり休めないか。しかたない。休めるこの日（＝28日）に引っ越そう（还是无法请假。没办法。在能请假的这一天（=28号）搬家吧）"。

Vì ngày thường thì dù cuối tháng vẫn rẻ nên người nữ nói "28日なら休めるから、この日に引っ越すことにしよう (Nếu là ngày 28 thì tôi xin nghỉ được nên sẽ chọn chuyển nhà vào ngày này)". Tuy được tư vấn rằng từ ngày 20 trở về trước thì "平日引っ越しパック" có giá rẻ hơn nữa nhưng người nữ nói "やっぱり休めないか。しかたない。休めるこの日（＝28日）に引っ越そう (Đúng là không nghỉ được. Thôi đành vậy. Sẽ chuyển nhà vào ngày nghỉ được này (= ngày 28))".

3番　正解　質問1　2　質問2　4　p.33

スクリプト 🔊63

会員制スポーツクラブの受付で、説明を聞いて、男の人と女の人が話しています。

女1：現在、ありがとうキャンペーンを行っておりまして、20日までにお申し込みいただきます
2. 敬語【謙Ⅱ】　　　　　　　　　　　　　　　2. 敬語【謙Ⅰ】
と、入会金が無料になります。会員は、A会員、B会員、C会員の3種類ございます。A
会員は、昼間だけの利用で、月々の会費が8,000円、これには、スポーツジムとプールの
利用料が含まれています。ヨガ、ダンス、テニスなどのクラスに参加する場合は、一つの
クラスにつき、2,000円頂戴しております。B会員は、夜だけの利用で、月々の会費もほ
2. 敬語【謙Ⅱ】
かの条件もA会員と同じです。C会員は、月々の会費が12,000円ですが、昼間も夜も使
えます。また、スポーツジムとプールに加えて、ヨガ、ダンス、テニスなどのクラスはい
くつでも無料でご利用いただけます。21日以降のお申し込みですと、キャンペーンの適
2. 敬語【謙Ⅰ】
用がなくなりますので、入会金が10,000円かかります。

男　：ふーん。キャンペーンは得なんだね。ぼくは昼間は仕事だし、ジムさえ使えればいいから
　　　　　　　　　　　　　　　　　　　　　　　　　　　　　　　　　　　　　　　16. 複雑

　　　これだな。申し込み書お願いします。君はどうする？

女2：どうしようかな。私はヨガのクラスに入りたい、あとできればテニスも……。
　　　　　　　　　　　　　　　　　　　　　　　　　　17. 副詞

男　：じゃあ、Cだね。8,000円とクラス2つで12,000円だから、Cにしとけば、あとでほかの

　　　クラスにも入れるもんね。

女2：うーん。でも迷うな。ヨガとテニス両方やるのきついかな。だったら、一つにして……。

男　：じゃ、ぼくと同じのにする？

女2：でもなあ……。やっぱり両方やりたいな……。
　　　　　　　　　　　15. 予測

男　：じゃあ、Cにしたら？　20日までに入会すれば、入会金ないから絶対に得だよ。
　　　　　　　　　　9. 助言・提案

女2：うーん。あと3日考えられるよね。

男　：はいはい、じゃあ、そうすれば。じゃ、ぼく申し込んでくるね。

質問1　男の人はどうしますか。

質問2　女の人はどうしますか。

メモの例

```
1　A会員：月額8,000円　昼だけ利用可能　ジム、プール無料

　　　　　　　　　　ヨガ、ダンス、テニスは1つ2000円

2　B会員：月額8,000円　夜だけ利用可能　あとはAと同じ

3　C会員：月額12,000円　昼も夜も利用可能　ヨガ、ダンス、テニスも無料
```


解説

質問1

男の人は夜に利用し、追加のクラスにも入

らないので、B会員になることにした。

Question 1
The man will use the gym at night and will not join any extra classes, so he decided on the B membership.
提问 1
男子晚上使用，也不添加其他课程，因此选择了 B 类会员卡。
Câu hỏi 1
Người nam chỉ sử dụng vào buổi tối và cũng không tham gia lớp học nào khác nên chọn trở thành hội viên B.

しつもん

女の人は迷っていて、「あと3日考えられるよね」と言った。「ありがとうキャンペーン」が終わる20日まで、あと3日あるので、それまで考えることにした。今日は入会しない。

Question 2
The woman couldn't decide and said, "あと3日考えられるよね." The "ありがとうキャンペーン" ends on the 20th and there are three days left, so she decided to think about it until then. She will not join the gym today.

提问2
女子犹豫不决，说 "あと3日考えられるよね"。离 "ありがとうキャンペーン" 结束的20号还有三天时间，她决定在这段时间里考虑一下。今天不办会员卡。

Câu hỏi 2
Người nữ đang phân vân nên nói "あと3日考えられるよね". Vì còn 3 ngày nữa mới đến ngày 20 là ngày kết thúc "ありがとうキャンペーン" nên người nữ quyết định sẽ suy nghĩ đến lúc đó. Hôm nay không đăng ký thành viên.

4番　正解　2

p.33

スクリプト　🔊 65

女：昨日頼んだデータ、まとめてくれた？

男：1　はい、すぐいただきにまいります。
　　　　2. 敬語【謙Ⅰ】 2. 敬語【謙Ⅱ】
　　2　すみません、でき次第お持ちします。
　　　　5. 順番 2. 敬語【謙Ⅰ】
　　3　かしこまりました。すぐいたします。
　　　　2. 敬語【謙Ⅰ】 2. 敬語【謙Ⅱ】

解説

「昨日頼んだデータ、まとめてくれた？」は昨日頼んだ仕事をやったかどうか確認する表現。「でき次第お持ちします」は「できたらすぐ持っていく」という意味。

1　「いただきにまいります」は「もらいに行く」の謙譲表現。

3　「かしこまりました」は何かを頼まれて「わかりました」と丁寧に言う時の表現。頼まれたのは今ではないので、ここでは不適切。

The expression "昨日頼んだデータ、まとめてくれた？" is an expression to confirm whether or not the other person has done the work you asked for yesterday. "でき次第お持ちします" means "I will bring it as soon as it is done."
1　"いただきにまいります" is a humble expression for "もらいに行く."
3　"かしこまりました" is a polite way of saying "わかりました" when asked to do something. This expression is inappropriate because it is not now that the request was made.

"昨日頼んだデータ、まとめてくれた？" 这句话是核实是否做了昨天拜托的工作。"でき次第お持ちします" 意思是 "一做完就马上拿过去"。
1　"いただきにまいります" 是 "もらいに行く" 的自谦语表达方式。
3　"かしこまりました" 是被别人拜托做某事而认真地回答 "わかりました" 时的表达方式。工作并不是现在才被拜托的，所以在这里不合适。

"昨日頼んだデータ、まとめてくれた？" là mẫu diễn đạt để xác nhận lại xem đối phương đã làm việc mình nhờ hôm qua chưa. "でき次第お持ちします" nghĩa là "Khi nào xong thì tôi sẽ mang đến ngay".
1　"いただきにまいります" là mẫu diễn đạt khiêm nhường của "もらいに行く".
3　"かしこまりました" là mẫu diễn đạt lịch sự của "わかりました" khi được nhờ việc gì đó. Vì không phải mới được nhờ bây giờ nên không thích hợp ở đây.

5番　正解　1　　　　　　　　　　　　　　　　　　　　　　p.33

p.33

スクリプト 🔊66

男：あー、この新幹線いつ動くんだろう。一つ前のに乗ればよかった。
　　　　　　　　　　　　　　　　　　　　　　　13. 後悔

女：1　それなら、故障で止まらなかったよね。

　　2　うん、これに乗って、正解だったね。

　　3　じゃ、一つ前の新幹線の切符を買おうか。

解説

「乗ればよかった」は、一つ前の新幹線に乗らなかったことを後悔する表現。男の人が「いつ動くんだろう」と言っていることから、新幹線は現在止まっていることがわかる。

2　「正解だった」は、いい選択をしたと振り返る表現なので合わない。「これ（＝この新幹線）」は、問題が起きている。

3　一つ前の新幹線には乗らなかったので、その切符を買うことはない。

"乗ればよかった" expresses regret for not catching the previous Shinkansen. The man says, "いつ動くんだろう," so we understand that the Shinkansen is currently stopped.
2　"正解だった" does not fit because it expresses looking back on a good choice. "これ (i.e., this train)" has a problem.
3　As they did not catch the previous Shinkansen, they will not buy a ticket for it.

"乗ればよかった"这句话表达的是对未乘坐前一班新干线感到后悔。从男子说"いつ動くんだろう"这句话可以知道新干线现在停车了。
2　"正解だった"表示回顾过去认为自己做出了正确的选择，与男子说的话不符。"これ（＝这趟新干线）"出了问题。
3　没有坐上前一班新干线，所以没必要买那趟车的车票。

"乗ればよかった" là mẫu diễn đạt bày tỏ sự hối hận vì đã không lên chuyến tàu cao tốc trước. Câu nói "いつ動くんだろう" của người nam cho biết rằng hiện tại tàu cao tốc đang ngừng.
2　"正解だった" là mẫu diễn đạt để nói rằng mình đã lựa chọn đúng nên không hợp. "これ (= chuyến tàu cao tốc này)" đang gặp vấn đề.
3　Vì đã không lên chuyến tàu trước nên không có chuyện mua vé của chuyến đó.

11 回目

1番　正解　4　　　　　　　　　　　　　　　　　　　　　　p.34

p.34

スクリプト 🔊68

女の学生と男の学生が話しています。このあと女の学生は何をしますか。

女：木村君。大変大変。今、大野君からメールあって、自転車盗まれちゃって、これから警察行
　　　警察
　　くから、今日大学に来られないって。

男：えっ！　ほんとに？　今日の授業のグループ発表は？　大野君の資料がないとぼくたち発
　　　　　　　　　　　　　　　　　　　　　　　　　　　　　　　　　16. 複雑
　　表できないじゃない。
　　　4. イント (2) b

女：だから、大変って言ってるじゃない。大野君には、「自転車盗まれたのも大変だろうけど、資料送って」って、メールしといたから、すぐ来ると思うけど。

<small>4. イント(2)b</small>

<small>6. 依頼</small>

男：じゃ、待ってよう。今から発表の原稿を二人用に書き直せるかな。

女：できなくはないと思うけど、万が一資料が届かなかったら……。

<small>16. 複雑</small> <small>17. 副詞</small>

男：どうしても必要な資料は……グラフか。それだけなら今から図書館でコピーできないかな。

女：そうだね。まとめる時間はないけど、それさえあれば、何とか発表はできると思う。

<small>16. 複雑</small> <small>17. 副詞</small>

男：わかった。じゃあ、今からコピーしに行くよ。山下さん、原稿のほうお願いできる？

<small>6. 依頼</small>

女：わかった。そっちはやっとく！

このあと女の学生は何をしますか。

解説

この学生たちは、大野君の資料を待たずに、二人で発表するための準備を始めた。男の学生が「原稿のほう（＝原稿の書き直し）お願いできる？」と言ったのに対し、女の学生は、「わかった。そっちはやっとく！」と答えた。

1 グラフは図書館でコピーする。作るのではない。

2 図書館で資料をコピーするのは、男の学生。

3 大野君にはもう女の学生がメールした。これからするのではない。

These students began to prepare for the presentation without the material that Ohno-kun prepared. The male student asked, "原稿のほう (i.e., rewriting the text) お願いできる？," to which the female student replied, "わかった。そっちはやっとく！ (Got it. I will do that!)"
1 They will make a copy of a graph in the library, not create one.
2 It is the male student who will make a copy of the material in the library.
3 The female student has already e-mailed Ohno-kun. She is not going to do it now.

两位学生不等大野的资料，开始两个人准备口头发言。男学生说"原稿のほう（＝重写稿子）お願いできる？"，对此女学生回答说"わかった。そっちはやっとく！（明白了。先做那件事！）"。
1 表格是去图书馆复印，不是绘制。
2 去图书馆复印资料的是男学生。
3 女学生已经给大野发邮件了。这不是接下来要做的事。

Hai sinh viên này đã bắt đầu chuẩn bị để cùng nhau thuyết trình mà không đợi tài liệu của Ono. Đáp lại câu nói của nam sinh viên "原稿のほう（＝ viết lại bài thuyết trình）お願いできる？", nữ sinh viên đã nói "わかった。そっちはやっとく！(Tôi biết rồi. Sẽ làm việc đó!)".
1 Biểu đồ thì sẽ photo ở thư viện chứ không tự làm.
2 Người sẽ đi photo tài liệu ở thư viện là nam sinh viên.
3 Nữ sinh viên đã gửi email cho Ono rồi. Không phải bây giờ mới làm.

2番　正解　3　　　　　　　　　　　　　　　　　　p.34

スクリプト 🔊70

テレビで専門家が話しています。

男：最近、留守中の家からお金や物が盗まれる被害が増えています。家に大金を置いておく人が多いんですね。彼らがねらう家は、まず、外から見えにくい家です。高い塀で囲まれていると入りやすいんです。また、塀に囲まれていなくても、庭にボールが落ちたままになって

いたり、ゴミが置いたままになっているような家も被害にあいやすいです。そういう家は、家の中も片付いていないことが多く、物を取られたことになかなか気がつかなくて、警察に被害を届けるのが遅れるからなんです。

専門家は主に何について話していますか。

1　盗難の件数が増えた理由　　　　　2　家に大金を置いておく時の注意点

3　盗難の被害にあいやすい家の特徴　4　物を盗まれた時の対処法

解説

「彼らがねらう家は、まず、外から見えにくい家です」「庭にボールが落ちたままになっていたり、ゴミが置いたままになっているような家も被害にあいやすいです」と言っている。これは、盗難の被害にあいやすい家の特徴。

The expert says, "彼らがねらう家は、まず、外から見えにくい家です (They are looking for homes that are hard to see from the outside)" and "庭にボールが落ちたままになっていたり、ゴミが置いたままになっているような家も被害にあいやすいです (Homes where balls are left in the yard or where garbage is lying around are more likely to be targeted)." These are features of homes more likely to be burglarized.

专家说 "彼らがねらう家は、まず、外から見えにくい家です（他们寻找的目标首先是从外面被遮挡的房屋）" "庭にボールが落ちたままになっていたり、ゴミが置いたままになっているような家も被害にあいやすいです（院子里散落着皮球，或者放置着垃圾的房屋也容易被盗）"。这是容易遭遇偷盗的房屋的特点。

Người này nói "彼らがねらう家は、まず、外から見えにくい家です (Những ngôi nhà mà bọn chúng nhắm đến, thứ nhất là những nhà khó nhìn thấy từ bên ngoài)", "庭にボールが落ちたままになっていたり、ゴミが置いたままになっているような家も被害にあいやすいです (Những nhà để nguyên bóng hoặc rác ngoài vườn cũng dễ gặp tai họa)". Đây đều là những đặc trưng của các ngôi nhà dễ trở thành nạn nhân của kẻ trộm.

3番　　正解　4　　　　　　　　　　　　　　　　　p.34

スクリプト　🔊71

テレビで、男の人が解説しています。

男：今週、大型で非常に強い台風が来ました。この番組でも、台風が来る数日前から対策についてお伝えしていましたが、各地で停電や電車の遅れが発生しました。今回の台風は、大型
2. 敬語【謙Ⅰ】
の台風でしたが、この「大型」というのは台風の大きさを表す表現です。強い風が吹く範囲によって、「大型」「超大型」と表現が変わります。強い風の吹く範囲が半径500キロメートル以上800キロメートル未満だと大型の台風、800キロ以上だと超大型の台風になります。超大型の台風は、本州も四国も九州も全部入るぐらいの大きさなんです。今回の台風は「大型」でしたが、もし「超大型」だったら、もっと広い範囲で相当な被害が出ていたでしょうね。

男の人は主に何について話していますか。

1 台風の対策　　2 台風の被害

3 台風の風の強さ　　4 台風の大きさ

p.35

解説

話の最初に被害について少し話したが、それは話の導入であって、中心ではない。男の人は、台風は、強風の吹く範囲によって大きさを区別していることを説明している。

The man briefly mentioned damage at the beginning but that was in the introduction, not the focus of the story. The man explains that typhoons are classified according to the size of area over which strong winds blow.

讲话最初稍微涉及了受灾，但那是导入部分，不是中心话题。男子在讲解是根据强风经过的范围来判断台风的强弱大小。

Phần đầu của bài nói có nhắc một ít đến thiệt hại nhưng đó là để dẫn nhập vào câu chuyện chứ không phải trọng tâm. Người nam đang giải thích về việc bão được phân loại cường độ dựa vào phạm vi gió mạnh thổi.

4番　正解 1　　　　　　　　　　　p.35

スクリプト 🔊73

女：この間のテスト、ぎりぎり合格点だったよ。
　　　　　　　　　　　　　　18. オノマトペ
男：1　合格したなら、いいじゃない。
　　　　　　　　　4. イント(2)b
　　2　え、落ちちゃったの？
　　3　ぼくも合格できなかったんだ。

解説

「ぎりぎり合格点だった」は点数は低かったが、なんとか合格したということ。「いいじゃない」は「いいと思う」という意味。

"ぎりぎり合格点だった" means a low score, but enough to just pass. "いいじゃない" means "I think that is fine."

"ぎりぎり合格点だった" 意思是分数虽然很低但是总算及格了。"いいじゃない" 意思是 "我认为很好"。

"ぎりぎり合格点だった" tức là tuy điểm thấp nhưng may mắn vẫn thi đậu. "いいじゃない" nghĩa là "Tôi nghĩ là tốt".

5番　正解 2　　　　　　　　　　　p.35

スクリプト 🔊74

女：この書類、間違いだらけなんだけど。酒井さんが作ったの？

男：1　あ、ミスがなくてよかったです。
　　2　すみません、そんなに違ってましたか。
　　3　あ、そこだけなら5分ぐらいで直します。

「間違いだらけ」の「だらけ」は間違いの
ようなよくないものがたくさんあるという
表現。女の人が書類に間違いがたくさんあ
ると言ったので、男の人は謝った。「そん
なに」は、「そんなにたくさん」という意味。

The "だらけ" of "間違いだらけ" is an expression meaning there are a lot of negative things, such as mistakes. The woman said the document is full of mistakes, and the man apologized. "そんなに" means "that many."

"間違いだらけ"的"だらけ"表示诸如错误之类的不好的事物有很多。女子说文件里有很多错误，所以男子道歉了。"そんなに"意思是"那样多"。

"だらけ" trong "間違いだらけ" là mẫu diễn đạt để nói có nhiều thứ không tốt ví dụ như lỗi sai. Vì người nữ nói trong tài liệu có nhiều lỗi sai nên người nam xin lỗi. "そんなに" nghĩa là "nhiều như vậy".

6番　正解　1　　　　　　　　　　　　　　p.35

スクリプト 🔊75

男：あれ、お弁当、かばんに入れたつもりだったんだけど……。
14. 起きなかったこと
女：1　えっ、お弁当、持ってこなかったの？

　　2　えっ、かばん、忘れちゃったの？

　　3　あ、お弁当も持ってきてくれたの？

解説

「かばんに入れたつもりだった」は、話し
手が「（お弁当を）かばんに入れた」と
思っていたが、実際には入れていなかった
ことを表す。

"かばんに入れたつもりだった" expresses that the speaker thought he had "put it (his bento) in his bag," but actually he had not.

"かばんに入れたつもりだった"表达的意思是说话人原来一直以为"（把便当）放进包里了"，实际上没有放。

"かばんに入れたつもりだった" thể hiện rằng người nói tưởng mình "đã cho (hộp cơm) vào giỏ xách" rồi nhưng thực tế đã không cho vào.

7番　正解　2　　　　　　　　　　　　　　p.35

スクリプト 🔊76

女：1回しか使わないのに買うの、ばからしいよ。私のを貸したげる。

男：1　やっぱり買うしかないか。
16. 複雑
　　2　いいの？　じゃ、使わせてもらうね。

　　3　わかったよ。貸したげるよ。

「ばからしい」は「意味がない」という意味で、ここでは「買わなくていい、買うべきでない」という意味で使われている。女の人は、1回しか使わないのに買うのは、お金がもったいないから、「私のを貸したげる（＝貸してあげる）」と言っている。男の人は、「使わせてもらう（＝ありがたい気持ちで使う）」と答えた。

"ばからしい" means "pointless," and is used here with the meaning of "not necessary, should not buy." The woman says, "私のを貸したげる（＝貸してあげる）" because buying something to use only once is a waste of money. The man replies, "使わせてもらう (I will use it gratefully)."

"ばからしい" 意思是 "没有意义"，用在这里的意思是 "不用买，不应该买"。女子觉得买了只用一次，这是浪费钱，所以她说 "私のを貸したげる（＝貸してあげる）"。男子回答说 "使わせてもらう（＝抱有感谢的心情来使用）"。

"ばからしい" nghĩa là "vô nghĩa", ở đây được dùng với ý "không cần mua, không nên mua". Người nữ nói chỉ dùng 1 lần mà mua thì phí tiền nên "私のを貸したげる（＝貸してあげる）". Người nam trả lời "使わせてもらう (= sẽ dùng với lòng biết ơn)".

12 回目

| 1番 | 正解 3 | p.36 |

スクリプト 🔊78

ラジオで経営の専門家が話しています。この会社のパソコンの販売数が増えた理由は何ですか。

男：あるパソコンの会社が顧客に対してアンケート調査を行いました。その結果、パソコンの色、デザインの好みが年代によって大きく異なることがわかりました。そこでこの会社は、それまで30代が中心だったデザインの担当者の年代を、20代前半から60代にまで広げ、様々な色、デザインのパソコンを作ったところ、販売数が3割ほど伸びました。これまでパソコン業界では、消費者の選択は、性能、価格によって決まると言われてきましたが、どの会社の製品もそれほど大きな差がなくなってきている現在では、色やデザインが決め手になっていると言えそうです。

この会社のパソコンの販売数が増えた理由は何ですか。

専門家は「それまで30代が中心だったデザイン担当者の年代を、20代前半から60代にまで広げ、様々な色、デザインのパソコンを作ったところ、販売数が3割ほど伸びました」と言っている。「〜たところ」は「〜たら」という意味。これまでデザインは、30代の人が担当していたが、いろいろな年代の人が担当するようになったので、年代が「幅広くなった」と言える。

1 現在は、価格、性能は、どの会社のパソコンも大体同じなので、選択の理由にならない。

2 デザインの担当者の年代を30代から20代前半に変えたのではない。20代前半から60代にまで広げた。

4 「様々な色、デザインのパソコンを作った」と言っている。つまり、色やデザインの種類を増やしたということ。

The expert says, "それまで30代が中心だったデザイン担当者の年代を、20代前半から60代にまで広げ、様々な色、デザインのパソコンを作ったところ、販売数が3割ほど伸びました (When the company broadened the pool of designers from mainly those in their 30s to include designers from their early 20s to their 60s and built computers with various colors and designs, sales grew about 30%)." "〜たところ" means "when they V-ed." Until then, the designers were in their 30s, but by assigning people from different generations to design, the range of ages "widened."

1 Today, most computers have the same price and functions, regardless of the maker, so these are not reasons to choose a particular computer.

2 The age of designers did not change from their 30s to their early 20s. Rather, their ages were expanded to the early 20s to the 60s.

4 The expert says "様々な色、デザインのパソコンを作った." In other words, the company expanded the range of colors and designs.

专家说 "それまで30代が中心だったデザイン担当者の年代を、20代前半から60代にまで広げ、様々な色、デザインのパソコンを作ったところ、販売数が3割ほど伸びました (之前设计师主要是三十多岁的人，现在是从二十岁刚出头到六十多岁都有，设计了各种颜色、样式的电脑之后，销量增加了三成)"。"〜たところ" 意思是 "〜之后"。之前设计的工作主要是三十多岁的人负责的，现在让各个年龄段的人负责，所以可以说年龄段 "扩大了"。

1 现在价格、性能方面，各个厂家的电脑都大致相同，因此不是人们选择商品的理由。

2 设计师的年龄段不是从三十多岁变成了二十岁刚出头。扩大到了从二十岁刚出头到六十多岁。

4 专家说 "様々な色、デザインのパソコンを作った"。也就是说增加了颜色和设计的种类。

Chuyên gia nói "それまで30代が中心だったデザイン担当者の年代を、20代前半から60代にまで広げ、様々な色、デザインのパソコンを作ったところ、販売数が3割ほど伸びました (Sau khi công ty này mở rộng nhóm tuổi của nhân viên phụ trách thiết kế vốn trước đó chủ yếu ở độ tuổi 30 thành từ nửa đầu độ tuổi 20 đến độ tuổi 60, rồi tạo ra những chiếc máy vi tính đa dạng màu sắc, kiểu dáng thì doanh số bán hàng đã tăng khoảng 30%)". "〜たところ" tức là "sau khi 〜 thì". Tuy trước đó mảng thiết kế do người ở độ tuổi 30 phụ trách nhưng về sau được người ở các độ tuổi khác phụ trách nên có thể nói là độ tuổi "đã được mở rộng".

1 Vì hiện tại, xét về giá cả, tính năng thì máy vi tính của công ty nào cũng tương tự nhau nên đó không phải là lý do của sự lựa chọn.

2 Không phải thay đổi độ tuổi của người thiết kế từ 30 thành nửa đầu 20 mà là mở rộng từ nửa đầu độ tuổi 20 đến độ tuổi 60.

4 Có nói "様々な色、デザインのパソコンを作った". Nói cách khác là đã tăng chủng loại về màu sắc và kiểu dáng.

2番　　**正解　4**　　　　　　　　　　　　　　　　　　p.36

スクリプト　🔊79

男の学生と女の学生が話しています。作家の家はどうして壊されますか。

男：キムさん、作家の山崎健太郎好きだったよね。山崎の生まれた家が壊されるの知ってる？

女：え？　あの、伝統的な日本建築の？　日本文学の授業で、先生に写真を見せてもらったことがあるけど……。

男：うん、彼の作品にもよく出てくるんだ。毎年彼の亡くなった日には、ファンが大勢花を持っ

てその家に集まるんだよ。去年なんか、道路が人でいっぱいになっちゃって、もう少しで事故が起きるところだったんだって。

14. 起きなかったこと

女：へえ、そんなに人気があるのに、なんで壊しちゃうの？

男：あの建物はできてからもう120年たってて、残すなら修理するしかないんだ。地震が来たら危ないから。

16. 複雑

女：地震かあ。それはやっぱり修理しないわけにはいかないね。

16. 複雑

男：うん、でも、見た目を変えずに修理するには、莫大な費用がかかるんだ。見た目が変わってしまったら、文化的価値も下がるよね。

女：そうかあ。でも何だか寂しいな。壊される前に絶対見に行こう。

17. 副詞

作家の家はどうして壊されますか。

解説

男の学生が言った「できてからもう120年たってて、残すなら修理するしかないんだ」「修理するには、莫大な費用がかかる」ということを選択肢では、「建物を維持するのにお金がかかりすぎる」と言い換えている。「修理するしかない」は「修理する以外に方法がない」という意味。

1　事故が起きたとは言っていない。「起きるところだった」は「実際には起きなかったが危なかった」という意味。

2　男の人は「地震が来たら危ないから」と言っているが、それは仮定の話で、実際に地震が来たわけではない。

3　「見た目（＝外から見た様子）が変わってしまったら、文化的価値も下がる」のは、修理した場合のこと。今はまだ文化的価値は下がっていない。

The male student's statements, "できてからもう120年たってて、残すなら修理するしかないんだ (The house is already 120 years old and would need to be repaired if it is to remain in place)" and "修理するには、莫大な費用がかかる (Repairs would cost a fortune)," have been restated as "建物を維持するのにお金がかかりすぎる" in the choice of answers. "修理するしかない" means "there is no other option but to repair it."

1　The male student is not saying that there has been an accident. "起きるところだった" means that "although there was no accident, there was a dangerous situation."

2　The male student says "地震が来たら危ないから," but he is speaking hypothetically, no earthquake has actually occurred.

3　"見た目 (i.e., what it looks like from the outside) が変わってしまったら、文化的価値も下がる" refers to if the house were repaired. There has been no loss of cultural value yet.

男学生说的 "できてからもう120年たってて、残すなら修理するしかないんだ（建成之后已经过了120年了，要想保存下来只能修复了）" "修理するには、莫大な費用がかかる（要修复需要花费巨额费用）" 这些话，在选项中转换成了 "建物を維持するのにお金がかかりすぎる" 这样的说法。"修理するしかない" 意思是 "除了修复别无他法"。

1　男子没有说发生了事故。"起きるところだった" 意思是 "实际并没有发生，但是很危险"。

2　男子说的 "地震が来たら危ないから" 只是一种假设，并非已经实际发生了地震。

3　"見た目（＝外观）が変わってしまったら、文化的価値も下がる" 这句话指的是修复之后的情况。现在文化价值并没有降低。

Những câu nói của nam sinh viên như "できてからもう120年たってて、残すなら修理するしかないんだ (Từ lúc xây xong đến nay đã 120 năm rồi, nếu để lại thì chỉ còn cách sửa chữa)", "修理するには、莫大な費用がかかる (Sẽ tốn kém rất nhiều để sửa chữa)" đã được diễn đạt lại trong phần lựa chọn thành "建物を維持するのにお金がかかりすぎる". "修理するしかない" nghĩa là "không còn cách nào khác ngoài sửa chữa".

1　Không nói rằng đã xảy ra tai nạn. "起きるところだった" nghĩa là "đã không xảy ra trên thực tế nhưng đã nguy hiểm".

2　Người nam nói "地震が来たら危ないから" nhưng đó chỉ là chuyện giả định, trên thực tế không có động đất.

3　"見た目（＝ hình dáng nhìn từ bên ngoài）が変わってしまったら、文化的価値も下がる" là chuyện sẽ xảy ra nếu sửa chữa. Hiện tại giá trị về văn hóa vẫn chưa sụt giảm.

3番　　正解　4

スクリプト　🔊81

男の人がラジオで話しています。

男：最近、化粧品売り場に男性用化粧品が並んでいるのをよく見かけるようになりました。数年前から化粧をする男性が少しずつ増えているんです。化粧の方法をSNSで紹介している人もいます。化粧を始めたきっかけは人それぞれですが、実際に化粧をしているという男性にインタビューを行ったところ「周りの人から顔色が悪いと心配されることがなくなった」「化粧をすると清潔そうに見えるのがいい」という声が聞かれました。その中で、皆さんが共通して言っているのは、「化粧をして考え方が変わった」ということです。化粧をすることによって、他人から見られる自分を意識できるようになり、仕事に対する取り組み方も積極的になるのだそうです。

男の人は主に何について話していますか。

1　売り場における男性用化粧品の変化　　2　男性の化粧の方法

3　化粧する男性の心配事　　4　男性が化粧をするメリット

解説

男性が化粧をすることについて、「周りの人から顔色が悪いと心配されることがなくなった」「化粧をすると清潔そうに見えるのがいい」「化粧をして考え方が変わった」「他人から見られる自分を意識できるようになり、仕事に対する取り組み方も積極的になる」と説明している。つまり、男性が化粧をすることのメリット（＝利点）について述べている。

About men putting on makeup, the man explains that interviewees said, "周りの人から顔色が悪いと心配されることがなくなった (Nobody worries that I am looking pale anymore)," "化粧をすると清潔そうに見えるのがいい (I like that makeup makes me look clean and fresh)," "化粧をして考え方が変わった (Putting on makeup changed the way I think)," and "他人から見られる自分を意識できるようになり、仕事に対する取り組み方も積極的になる (I became aware of how I appear to others, and it has made me more proactive in how I approach work)." In other words, he is talking about the benefits of men putting on makeup.

关于男性化妆，男子解释说"周りの人から顔色が悪いと心配されることがなくなった（不再会被周围的人担心脸色不好）""化粧をすると清潔そうに見えるのがいい（化妆之后看起来很干净，这一点很好）""化粧をして考え方が変わった（化妆之后想法也改变了）""他人から見られる自分を意識できるようになり、仕事に対する取り組み方も積極的になる（开始注意自己在别人眼里的形象，工作更加积极主动）"。也就是说，是一直在叙述男性化妆的好处（＝优点）。

Về chuyện nam giới trang điểm, người này giải thích là "周りの人から顔色が悪いと心配されることがなくなった (Không còn bị người xung quanh lo lắng vì sắc diện xấu nữa)", "化粧をすると清潔そうに見えるのがいい (Thích khi trang điểm thì nhìn có vẻ sạch sẽ)", "化粧をして考え方が変わった (Sau khi trang điểm thì cách suy nghĩ cũng thay đổi)", "他人から見られる自分を意識できるようになり、仕事に対する取り組み方も積極的になる (Nhận thức rõ hơn về cách người khác nhìn mình và cách xử lý công việc cũng tích cực hơn)". Nói cách khác là đang liệt kê những ưu điểm (= lợi ích) của việc nam giới trang điểm.

4番　正解　2

スクリプト 🔊82

テレビでアナウンサーが作家にインタビューしています。

女：森さん、この度は文学賞受賞、おめでとうございます。今のお気持ちはいかがですか。

男：まだよくわからないんですよね。皆さんご存じのように、去年も周りから絶対取れると言わ
　　れてて、結局だめだったんで……。その時、正直、かなり落ち込みまして……。それで、い
　　ろいろ悩んで、一時は今までと小説のスタイルを変えようと思ったんですが、やっぱり自分
　　らしさを大切にしたいと思いまして。ま、そんな感じで、この一年、この賞を目標に頑張っ
　　てきました。賞なんて、どうでもいいじゃないかと皆さん、思われるかもしれませんが、こ
　　の賞は昔からの夢だったので、どうしてもあきらめられなかったんです。だからうれしい
　　はずなんですけど……。実感がわくのは、もう少し先かなあ。ただ、家族をはじめ、周りの
　　人たちは、すごく喜んでくれて……。そのことは、ぼくもとてもうれしいです。

男の人は賞を受賞してどう思っていますか。

1　小説のスタイルを変えてよかった
2　実感がないが、周りの人が喜んでくれてうれしい
3　昔からの夢がかなってとてもうれしい
4　賞がとれるかどうかは、どうでもいい

解説

男の人は「実感がわくのは、もう少し先か
なあ」「家族をはじめ、周りの人たちは、
すごく喜んでくれて……。そのことは、ぼ
くもとてもうれしいです」と言っている。
「実感がわく」は「本当のこととして感じ
られる」という意味。今は受賞したという
ことが信じられないが、周りの人が喜んで
いることはうれしいと言っている。

The man says, "実感がわくのは、もう少し先かなあ (It might be a little while before it sinks in)" and "家族をはじめ、周りの人たちは、すごく喜んでくれて……。そのことは、ぼくもとてもうれしいです (Everyone, especially my family, are delighted…that makes me very happy)." "実感がわく" means "to truly feel something." He is saying that, for now, he can't believe he has won the prize, but the joy of those around him makes him happy.

1　The man says, "一時は〜小説のスタイルを変えようと思ったんですが (i.e., he did not actually change his style)、やっぱり自分らしさを大切にしたいと思いまして."

3　The man says that, because "この賞は昔からの夢だった," "うれしいはずなんですけど……。実感がわくのは、もう少し先かなあ." So, he is not yet feeling happy.

4　"賞なんて、どうでもいいじゃないか (Awards are meaningless, not important)" is not what the man is thinking. He imagines that people listening to the interview might think that. He says, "この賞は昔からの夢だった."

1　「一時は～小説のスタイルを変えよう
　　と思ったんですが（＝実際には変えな
　　かった）、やっぱり自分らしさを大切
　　にしたいと思いまして」と言っている。
3　「この賞は昔からの夢だった」から「う
　　れしいはずなんですけど……。実感が
　　わくのは、もう少し先かなあ」と言って
　　おり、まだうれしいとは思えていない。
4　「賞なんて、どうでもいいじゃないか
　　（＝どうでもいいと思う。大事なこと
　　ではない）」は男の人が思っているこ
　　とではない。インタビューを聞いてい
　　る人が、そう思っているかもしれない
　　と男の人が想像している。男の人は
　　「この賞は昔からの夢だった」と言っ
　　ている。

男子说"実感がわくのは、もう少し先かなあ（再过一段才能产生
真实感吧）""家族をはじめ、周りの人たちは、すごく喜んでくれ
て……。そのことは、ぼくもとてもうれしいです（家人等周围的
人都为我高兴……这让我感到非常愉悦）"。"実感がわく"意思是"作
为真实的事情感受到"。他说现在还无法相信自己获奖了，但是周围
人都很高兴这件事让他感到非常愉悦。
1　男子说"一時は～小説のスタイルを変えようと思ったんです
　　が（＝实际没有改变），やっぱり自分らしさを大切にしたいと
　　思いまして"。
3　男子说因为"この賞は昔からの夢だった"所以"うれしいはず
　　なんですけど……。実感がわくのは、もう少し先かなあ",
　　还没有感到喜悦。
4　"賞なんて、どうでもいいじゃないか（＝觉得怎么都行。不重
　　要。）"这不是男子的想法。男子推测或许采访的听众会这样想。
　　男子说"この賞は昔からの夢だった"。

Người nam nói "実感がわくのは、もう少し先かなあ (Chắc phải
mất một thời gian nữa tôi mới cảm nhận được thực sự)", "家族を
はじめ、周りの人たちは、すごく喜んでくれて……。そのことは、
ぼくもとてもうれしいです (Những người xung quanh, nhất là gia
đình tôi, vô cùng mừng cho tôi… Tôi cũng thấy rất hạnh phúc vì
điều đó)". "実感がわく" nghĩa là "cảm nhận được đó là sự thật".
Người này đang nói rằng tuy hiện giờ chưa thể tin là mình đã
được nhận giải thưởng nhưng vui vì những người xung quanh
thấy hạnh phúc.
1　Có nói là "一時は～小説のスタイルを変えようと思ったんです
　　が (＝ thực tế đã không thay đổi), やっぱり自分らしさを大
　　切にしたいと思いまして".
3　Có nói vì "この賞は昔からの夢だった" nên "うれしいはずなん
　　ですけど……。実感がわくのは、もう少し先かなあ", tức là
　　vẫn chưa thấy vui.
4　"賞なんて、どうでもいいじゃないか (= Cho rằng sao cũng
　　được, không quan trọng)" không phải là suy nghĩ của người
　　nam. Người nam đang tưởng tượng là có lẽ khán giả đang
　　nghĩ như vậy. Người nam nói "この賞は昔からの夢だった".

13 回目

1番　　正解　4　　　　　　　　　　　　　　　　　　　　　p.38

スクリプト　🔊84

大学の職員と学生が電話で話しています。学生証はどこで見つかりましたか。

男：あ、こちら山田大学の学生課ですが、経済学部の劉さんですか。

女：はい。そうです。

男：えーと、劉さん、学生証を落としませんでしたか。

女：はい。今ちょうど探してたところなんです。

男：あ、こちらに届いてますよ。

女：ああ、そうですか。よかった。ありがとうございます。教室の机の上に忘れたかなと思って、
　　今、見に行こうと思ってたんです。

男：あ、いえ、図書館の人がここに持ってきましたよ。貸し出しカウンター横のコピー機の中に残っていたそうです。

女：あー、じゃ、今朝、コピーした時に忘れたんだと思います。すぐ取りに伺います。
_{2. 敬語【謙Ⅰ】}

男：はい、学生課でお預かりしています。カウンターまで取りに来てください。
_{2. 敬語【謙Ⅰ】}

学生証はどこで見つかりましたか。

解説

男の人は「図書館の人がここに持ってきましたよ。貸し出しカウンター横のコピー機の中に残っていたそうです」と言った。

1　学生課のカウンターは、女の学生が今から学生証を取りに行く場所。

2　教室の机の上は、女の学生が置き忘れたと思っていた場所。

The man said, "図書館の人がここに持ってきましたよ。貸し出しカウンター横のコピー機の中に残っていたそうです."
1　The Student Affairs counter is where the student will now go to collect her student ID.
2　The desk in the classroom is where the student thought she left her student ID.

男子说 "図書館の人がここに持ってきましたよ。貸し出しカウンター横のコピー機の中に残っていたそうです"。
1　学生科前台是女学生过一会儿去取学生证的地方。
2　教室课桌上是女学生原以为丢失的地方。

Người nam đã nói "図書館の人がここに持ってきましたよ。貸し出しカウンター横のコピー機の中に残っていたそうです".
1　Quầy tiếp nhận của phòng Sinh viên là nơi nữ sinh sẽ đến để lấy thẻ sinh viên về.
2　Trên bàn trong phòng học là nơi nữ sinh tưởng đã để quên.

2番　正解　2　　　　　　　　　　　　　　　p.38

スクリプト 🔊85

会社で女の人と男の人が話しています。男の人は自分の仕事のやり方をどのように変えようと思いましたか。

女：横山さん、先月の売り上げどうだった？

男：だめだったよ。先月の売り上げ、トップは松本さんだって。5月から3か月連続だよ。すごいな。相当うまいこと言ってお客さんに買ってもらってるんだろうな。
_{17. 副詞}

女：うまいことって、たとえばどんなこと？

男：「服のセンスがいいですね」ってほめたり、「今月末までに買ってくださると、助かるんです」って、心に訴えたり。
_{2. 敬語【尊】}

女：そうかな。松本さんって、そういうこと言うタイプじゃないし、会社にいる時もあんまりしゃべらないし。

男：そういえばそうだな。何かもっとうまい手があるのかなあ。

女：松本さんって、人の話をよく聞いてくれるんだよね。「うん、うん」ってあいづちを打って、話しやすくしてくれるし。それで、お客さんに信頼されるんだと思うよ。横山さんは、売ろう売ろうと思って、自分ばっかりしゃべりすぎるんじゃないの？　その辺から見直してみたら？

11. 意見
9. 助言・提案

男：そうか！　わかった。早速やってみよう！　営業行ってきまーす！

17. 副詞

女：多分だめだな。

男の人は自分の仕事のやり方をどのように変えようと思いましたか。

解説

女の人は、松本さんの売り上げがトップなのは、人の話をよく聞くからだと言った。男の人（＝横山さん）はそれを聞いて、自分も「早速やってみよう」と言った。

1　客をほめる、客の心に訴えるというのは、男の人が想像していた松本さんの行動で、仕事のやり方をそのように変えようとは思っていない。

The woman says that Matsumoto-san is the top salesperson because he is a good listener. The man (Yokoyama-san) hears that and says, "早速やってみよう (I will try that right now)."

1　Praising customers and appealing to their emotions is just how the man imagines Matsumoto-san behaves. It is not what he plans to change his way of working to.

女子说松本是销售冠军是因为他很擅长倾听别人。男子（＝横山）听到这个之后说自己也"早速やってみよう（赶紧尝试一下）"。

1　表扬客人、打动客人这些都是男子想象的松本的行为，他并没有想如此改变自己的工作方式。

Người nữ nói doanh thu của Matsumoto đứng đầu là nhờ Matsumoto giỏi nghe người khác nói chuyện. Người nam (= Yokoyama) nghe vậy thì nói mình cũng "早速やってみよう (sẽ thử làm ngay)".

1　Khen ngợi khách, đánh vào tâm lý khách là những hành động mà người nam tưởng là Matsumoto làm. Người nam không định thay đổi cách làm việc theo hướng đó.

3番　　正解　3　　　　　　　　　　　　　　　　　　　p.39

スクリプト 🔊87

会社の電話で女の人と男の人が話しています。男の人は電話を切ったあとで何をしますか。

女：はい、総務部です。

男：営業部の今井です。すみません、ちょっとお聞きしたいんですけど。

2. 敬語【謙Ⅰ】

女：はい。

男：17日の午後2時から8人で使いたいと思って、予約システムで会議室を予約しようと思ったんですけど、第二会議室空いてないんです。第三会議室って、8人は無理ですか。ほかの部屋から椅子を持ってきて。

女：無理ってことはないと思いますけど、狭いですよ。3時からじゃだめですか。第二会議室の予約、3時までになっているので、そのあと。

16. 複雑
5. 順番

男：そうですか。でも、お客さんとの約束は2時だからなあ……。あ、第二会議室はだれが予約したんですか。

女：人事部の村上さんです。

男：村上さんかあ。何人で使うつもりなんだろう。交換してもらえるか聞いてみるか。

女：あのう、どうしますか。

男：あ、一応、2時から第三会議室お願いします。交換してもらえたら、またあとで電話します。
　　　　17. 副詞　　　　　　　　　　　　　　　　　　　　　　　　　　　　　　　　5. 順番

男の人は電話を切ったあとで何をしますか。

解説

男の人は第二会議室を使いたいと思っている。男の人が使いたい時間に第二会議室を予約しているのは人事部の村上さんなので、これから村上さんに会議室の交換をお願いしようと考えている。

The man wants to use Meeting Room 2. Murakami-san from the HR department booked Meeting Room 2 at the time the man wants to use it, so he thinks he will ask Murakami-san to switch rooms with him.

男子想使用第二会议室。在男子想使用的时间段预约第二会议室的是人事部的村上，因此男子接下来打算拜托村上交换会议室。

Người nam muốn dùng phòng họp số 2. Vì người đã đặt trước phòng họp số 2 vào giờ người nam muốn dùng là Murakami ở phòng Nhân sự nên người nam dự định bây giờ sẽ nhờ Murakami đổi phòng họp với mình.

4番　　正解 4　　　　　　　　　　　　　　　　　　　　　　　p.39

スクリプト 🔊88

スーパーで女の店員と男の店員が話しています。男の店員はこのあと何をしますか。

女：それでは今からやることを確認します。今日のお買い得商品はトマトだから、倉庫にあるトマトを入り口の近くの棚に置いてください。

男：わかりました。今日はいくらですか。

女：二つで100円です。この紙に「トマト二つで100円」って書いて、棚に貼ってください。

男：はい。

女：それが終わったら、トマト以外の野菜をいつもどおりの場所に並べてください。野菜類はト
　　　　5. 順番
マトと一緒に置いてあります。それから、この箱にカップラーメンが入ってるから、箱か
　　　　　　　　　　　　　　　5. 順番
ら出して、棚に置いてください。

男：あのう、カップラーメンの棚にこれ全部は置けないと思います。まだけっこう残っていますよ。

女：そうですか。じゃあ、置けるだけ置いてください。残りは箱に入れたままでいいですから、倉庫にしまっといてください。

56

男：わかりました。

女：野菜の棚はもう掃除しましたか。

男：すみません。まだです。すぐにやります。

女：野菜を並べる前にやってくれればいいですよ。あ、でも、この箱、ここにあると邪魔ですね。
　　5.順番
　　まずこれからやってください。
　　5.順番

男：はい。わかりました。

男の店員はこのあと何をしますか。

解説

女の人は、箱が邪魔なので、「まずこれからやってください」と言った。箱にはカップラーメンが入っているので、カップラーメンを棚に置くことから始める。

The woman said "まずこれからやってください" because the box was in the way. The box contains cup ramen, so the man will begin by putting the cup ramen on the shelf.

女子说因为箱子碍事，所以"まずこれからやってください"。箱子里放着碗面，所以先从把碗面摆在货架上开始。

Vì cái hộp gây vướng víu nên người nữ nói "まずこれからやってください". Trong hộp có mì ly nên người nam sẽ bắt đầu từ việc xếp mì ly lên kệ.

14 回目

1番　　正解　2　　　　　　　　　　　　　　　　　　　p.40

スクリプト	🔊90

レストランで男の人と女の人が話しています。二人は全部でいくら払いますか。

男：おいしかったね。あの鶏肉とチーズの料理がよかったな。じゃ、そろそろ帰ろうか。

女：うん。いくらになるかな。

男：ぼくのAコースが2,000円で、そっちのBコースは……、あ、そっちも2,000円か。あと飲み物がそれぞれ500円だから、全部で5,000円か……。

女：あ、でも、このサービス券が使えるはず。1,000円引きになるって書いてあった。

男：二人分からそれだけ安くなるのか。それはうれしいね。そういえば、ぼくもこの店のサービス券を持ってるよ。あ、ぼくのは500円引きだ。

女：でも、この券は期限が今月中だね。私のは6月末まで使える。

男：じゃ、ぼくのを使おうよ。

女：そうだね。私のはまた来た時に使えばいいね。

二人は全部でいくら払いますか。

解説

男の人のサービス券は期限が今月中なので、男の人のサービス券を使うことにした。このサービス券を使うと合計5,000円から500円引きになり、支払う金額が4,500円になる。

The man's coupon expires at the end of the month, so they decided to use his voucher. With this coupon, they can get a 500 yen discount off the 5,000 yen total, so they pay 4,500 yen.

男子的折扣券有效期到这个月底，所以决定使用男子的折扣券。使用这张折扣券后从合计的 5000 日元中减掉 500 日元，支付金额是 4500 日元。

Phiếu giảm giá của người nam có hạn sử dụng trong tháng này nên hai người quyết định dùng phiếu của người nam. Dùng phiếu giảm giá này thì được giảm 500 yen từ tổng tiền 5000 yen nên số tiền sẽ trả là 4500 yen.

2番　　正解　1　　　　　　　　　　　　　　　　　　　p.40

スクリプト 🔊92

きょうだい3人がおばあちゃんへのプレゼントについて話しています。

女1：おばあちゃんの誕生日プレゼント、どうする？

男　：そうだなあ。おばあちゃん、料理、好きだから、鍋がいいんじゃない？
　　　　　　　　　　　　　　　　　　　　　　　　　　11. 意見　4. イント(1)

女2：そうだね。最近、自動で調理ができる鍋があるよね。それにしたら？
　　　　　　　　　　　　　　　　　　　　　　9. 助言・提案

女1：自動かあ……。でも、おばあちゃんは自分の慣れた方法で料理がしたいんじゃない？
　　　　　　　　　　　　　　　　　　　　　　　　　　　　　11. 意見　4. イント(1)

男　：確かに、いろいろ操作を覚えるのはかえって大変かもね。
　　　　　　　　　　　　　　　　　17. 副詞

女2：そっか。いい考えだと思ったんだけどな。

女1：あ、おばあちゃんからメッセージ来た。昨日、鍋を一つだめにしちゃったんだって。この
　　　写真見て。ひどいよ。真っ黒。

女2：あー、これ、よく使ってる鍋だ。

男　：じゃ、これだね。

女2：うーん。でも、必要な物は、あげなくても自分ですぐ買うよ。プレゼントは、自分では買
　　　わない物をもらったほうがうれしいんじゃない？　たとえば、スマホとつなげて使うス
　　　　　　　　　　　　　　　　11. 意見　4. イント(1)
　　　ピーカーとか、どうかな。おばあちゃん、音楽、好きだから。

男　：それだったら、テレビの音がよく聞こえるスピーカーがいいよ。首にかけて使えるから便
　　　利だよ。

女1：そうねえ……。でもやっぱり使うかどうかわからない物より、今必要な物をあげたほうが
15. 予測
いいよ。

男　：そうだね。

おばあちゃんに何をあげることになりましたか。

1　だめになったのと同じ鍋　　2　自動で調理ができる鍋

3　スマホ用のスピーカー　　　4　テレビの音がよく聞こえるスピーカー

解説

おばあちゃんからメッセージが来て鍋にし
ようと思ったが、女の人2が自分では買わ
ないもの（＝スピーカー）のほうがいいと
言った。しかし、使うかどうかわからない
物より、すぐ必要な物のほうがいいので、だ
めになったのと同じ鍋をあげることにした。

After receiving a message from grandma, they thought about buying
her a pot, but Woman 2 said it would be better to buy something
she would not buy herself (i.e., a speaker). However, instead of
something they don't know if she will use or not, they decided it
would be better to buy something she would need right away and to
get her the same pot as the one she can no longer use.

奶奶发来了信息后想选锅，但是女子 2 说自己不会买的东西（= 音箱）
适合当礼物。但是与其买个不知道是否会使用的东西，不如马上就
需要的东西更适合，因此决定送奶奶一个与她坏掉的同款的锅。

Khi nhận được tin nhắn của bà thì 3 người đã định chọn nồi
nhưng người nữ 2 nói nên tặng thứ mà đối phương không tự mua
(= loa) thì tốt hơn. Nhưng tặng thứ cần thiết ngay lúc này thì tốt
hơn thứ không biết sẽ dùng hay không nên họ đã chọn mua tặng
bà cái nồi giống cái đã bị cháy.

3番　　正解　質問1　1　　質問2　4　　　　　　　　　p.41

スクリプト 🔊94

旅行会社の人の説明を聞いて、夫婦が話しています。

男1：えー、では、自由参加のツアーについてご説明します。こちらは料金が別にかかります。
2. 敬語【謙 I】
まずAツアーは「海の生き物観察ツアー」です。たくさんのきれいな魚と泳ぐことがで
きるほか、運が良ければ、ウミガメにも会える人気のツアーです。小さいお子様も参加可
能です。Bツアーは「島一周ハイキングツアー」です。自然がそのまま残っている島をお
子さんと一緒に歩いて楽しんでください。Cツアーは「乗馬体験ツアー」です。少しのレッ
スンで、馬に乗れるようになります。こちらもお子様が参加可能です。Dツアーは「星空
ツアー」です。都会では見ることができない感動の星空に出会えます。真っ暗な中でのツ
アーですが、ガイドがいるので、安心です。これはお子様は参加できません。

女 ：星空ツアー、いいなあ。すごくきれいらしいよ。

男2：ぼくもそれいいと思うけど、太郎が参加できないじゃない。
_{4. イント(2)b}

女 ：そうだよね。じゃ、馬がいいかな。

男2：うーん、太郎には、「海の生き物観察ツアー」か「島一周ハイキングツアー」のほうがい

　　　いんじゃない？
_{II. 意見　4. イント(1)}

女 ：そうね。海の生き物がいいかも。図書館で魚の本借りて、よく見てるよ。連れて行ってやっ

　　　てくれない？　私は海はちょっと……。
_{6. 依頼}

男2：わかった。太郎とそれにするよ。ぼくも久しぶりに泳ぎたいし。

女 ：え、本当？　じゃ、悪いけど、私、一人で夜、行ってもいい？
_{7. 許可}

男2：うん、いいよ。
_{7. 許可(2)　4. イント(3)}

質問1　男の人はどのツアーに参加しますか。

質問2　女の人はどのツアーに参加しますか。

メモの例

```
1　Aツアー「海の生き物観察ツアー」　子ども○

2　Bツアー「島一周ハイキングツアー」　子ども○

3　Cツアー「乗馬体験ツアー」　子ども○

4　Dツアー「星空ツアー」　子ども×
```

解説

質問1

男の人が「太郎には、『海の生き物観察ツアー』か『島一周ハイキングツアー』のほうがいいんじゃない？（＝いいと思うけど、どう？）」と言うと、女の人が「海の生き物観察ツアー」に連れて行くように男の人に頼んだ。男の人は「太郎とそれにするよ」と言って引き受けた。

Question 1
When the man said, "太郎には、『海の生き物観察ツアー』か『島一周ハイキングツアー』のほうがいいんじゃない？ (i.e., I think it would be good for Taro. What do you think?)," the woman asked the man to take Taro on the "海の生き物観察ツアー." The man accepted, saying, "太郎とそれにするよ."

提问 1
男子说"太郎には、『海の生き物観察ツアー』か『島一周ハイキングツアー』のほうがいいんじゃない？（＝我觉得很好，怎么样？）"之后，女子拜托男子"带孩子参加'海の生き物観察ツアー'"。男子答应了，说"太郎とそれにするよ"。

Câu hỏi 1
Khi người nam nói "太郎には、『海の生き物観察ツアー』か『島一周ハイキングツアー』のほうがいいんじゃない？ (= Anh thấy hay, còn em?)", người nữ đã nhờ người nam đưa Taro đi "海の生き物観察ツアー". Người nam chấp thuận, nói rằng "太郎とそれにするよ".

質問2

おんな ひと ほしぞら

女の人は「星空ツアー」がいいと思ってい
ひとり よる い おとこ

た。「一人で夜、行ってもいい？」と男の
ひと き おとこ ひと りょう

人に聞いたら、男の人は「いいよ（＝了
しょう こた

承)」と答えた。

Question 2
The woman liked the "星空ツアー." She asked the man, "一人で夜、行ってもいい？" and he replied, "いいよ (i.e., acceptance)."

提问2
女子一直认为"星空ツアー"很好。她问男子"一人で夜、行ってもいい？"之后，他回答说"いいよ（＝同意）"。

Câu hỏi 2
Người nữ thấy "星 空 ツ ア ー" hay. Khi người nữ hỏi người nam "一 人 で 夜、行ってもいい？" thì người nam trả lời "いいよ（＝đồng ý）".

4番　正解　3　　　　　　　　　　　　　p.41

スクリプト　🔊96

おんな
女：あれ？　この宿題、まだ終わってないじゃない。
　　　　　　　　　　　　　　　　4. イント(2)b

おとこ
男：1　うん、もうかばんにしまっちゃった。

　　2　そうだよ。今日はちゃんとやったよ。

　　3　あさってまででいいって言われたもん。

解説

この「じゃない」は相手を非難する言い方
で、否定の意味を表さない。女の人は子ど
もの宿題がまだ終わっていないことを怒っ
ている。1、2は子どもが宿題をやったこ
とを意味するので、不適切。3は子どもは
宿題はあさってまでだと言われたので、ま
だやらなくてもいいと言っている。

This "じゃない" is a way of accusing the other person and does not indicate the negative. The woman is angry that her child's homework is not done yet; 1 and 2 do not fit as answers because they imply that the child has done the homework; 3 says that the child was told that the homework is due the day after tomorrow, so he says he does not have to do it yet.

这个"じゃない"是批评对方的说法，并不是否定的意思。女子因孩子没有完成作业而生气。1、2 意思是孩子完成了作业，所以不合适。3 孩子说作业是要求后天之前完成，所以尚未完成也没关系。

"じゃない" ở đây là cách nói phê bình đối phương, không phải để thể hiện ý phủ định. Người nữ không hài lòng về chuyện đứa bé chưa làm xong bài tập về nhà. 1, 2 có nghĩa là đứa bé đã làm xong bài tập nên không thích hợp. Ở lựa chọn 3, đứa bé nói vì đã được dặn rằng hạn làm bài tập là ngày mốt nên chưa làm bây giờ cũng không sao.

5番　正解　2　　　　　　　　　　　　　p.41

スクリプト　🔊97

おとこ たなか こ かいぎ じかん かくにん おく
男：田中さん、来ないね。会議の時間を確認するメール、送っとくべきだった。
　　　　　　　　　　　　　　　　　　　　　13. 後悔

おんな
女：1　じゃあ、今晩、確認しようか。

　　2　え、確認してなかったの？

　　3　昨日、確認したのに変だね。

男の人は、会議の時間を確認するメールを「送っとくべきだった（＝実際には送らなかった）」と後悔している。

The man regrets not sending a reminder email to confirm the time of the meeting, saying, "送っとくべきだった (i.e., he did not actually send one)."

男子因为 "送っとくべきだった（＝实际上没有发送）" 核实开会时间的邮件而感到后悔。

Người nam đang hối hận vì "送っとくべきだった (= thực tế đã không gửi)" email xác nhận thời gian cuộc họp.

6番　　正解　2　　　　　　　　　　　　　　p.41

スクリプト　🔊98

女：昨日の発表、言うことなしでしたよ。
　　　　　　　　　　　12. 評価
男：1　うまくいかなくてすみません。

　　2　うまく言えないところもあったんです……。

　　3　ええ、何も言えませんでした。

解説

「言うことなし」は相手の発表がすばらしかったという意味。「うまく言えないところもあった」は大体うまくできたと思うが、できなかったところもあったという意味。
1　うまく発表できなかったことを謝っている表現。
3　この場合の「何も言えませんでした」は、「発表で言うべきことを全く言えなかった」という意味になる。

"言うことなし" means that the other person's presentation was outstanding. "うまく言えないところもあった" means that although it went well overall, there were parts that went less well.
1　An expression apologizing that the presentation did not go well.
3　In this case, "何も言えませんでした" would mean "the presenter couldn't say anything that needed to be said."

"言うことなし" 意思是对方的口头发言非常精彩。"うまく言えないところもあった" 意思是觉得大致做得很好，但是也有做的不好的地方。
1　这是为没有做好口头发言而道歉的表达方式。
3　这里的 "何も言えませんでした" 意思是 "在口头发言中应该说的话完全没能说出来"。

"言うことなし" nghĩa là bài thuyết trình của đối phương xuất sắc. "うまく言えないところもあった" nghĩa là tôi nghĩ nhìn chung đã làm tốt nhưng cũng có chỗ chưa làm được.
1　Là mẫu diễn đạt để xin lỗi vì đã không làm tốt.
3　"何も言えませんでした" trong trường hợp này nghĩa là "đã hoàn toàn không nói được điều cần nói khi thuyết trình".

7番　　正解　1　　　　　　　　　　　　　　p.41

スクリプト　🔊99

女：遠くまで来たかいがあったね。
　　　　　　　　　　12. 評価
男：1　うん。時間かかったけど、来てよかったよ。

　　2　うん。せっかく来たのにね。
　　　　　　17. 副詞
　　3　そうだね。もう二度と来たくないね。

「～たかいがあった」は「何かをしたことが良い結果になった」という意味。遠くまで来るのは大変だったが、来て良かったと思っている。

2　「せっかく～のに」は「いい結果を求めて何かをしたのに、思っていたとおりにならなくて残念だ」という意味。

3　「二度と～たくない」は「その行為をもう絶対に繰り返したくない」という意味。

"～たかいがあった" means that "doing something had a good result." While it was tough to travel so far, "the woman is glad to be here."
2　"せっかく～のに" means that "the speaker did something in search of a good result, but unfortunately it did not go to plan."
3　"二度と～たくない" means "the speaker never wants to repeat that action again."

"～たかいがあった" 意思是 "做了某事获得了良好的结果"。大老远地赶来虽然很辛苦，但是觉得来对了。
2　"せっかく～のに" 意思是 "为了获得好的结果而做了某事，但是没有达到预期的效果而感到遗憾"。
3　"二度と～たくない" 意思是 "绝对不再做那个行为"。

"～たかいがあった" nghĩa là "việc làm điều gì đó đã mang lại kết quả tốt". Người này đang nghĩ rằng tuy vất và vì phải đi xa để đến đây nhưng vui vì đã đến.
2　"せっかく～のに" nghĩa là "đã làm điều gì đó với mong muốn có kết quả tốt nhưng lại không được như đã nghĩ nên đáng tiếc".
3　"二度と～たくない" nghĩa là "hoàn toàn không muốn lặp lại hành động đó nữa".

15 回目

1番　　正解　3　　　　　　　　　　　　　　　　　　　　　p.42

スクリプト　🔊101

大学のキャリアセンターで学生と担当者が話しています。学生はこのあと何を直しますか。

女：すみません。あの、インターンシップに応募しようと思って、今、書類を書いているんですが、自己アピールの書き方がよくわからなくて……。ちょっと見ていただけますか。
6. 依頼　2. 敬語【謙 I 】

男：はい。これですね。うーん、そうですねえ……。まず、日本語としては……。
4. イント(4)a

女：不自然なところとか、ありませんか。文法は気をつけて書いたんですが、細かいところは自信がなくて……。

男：そうですねえ。特に目につく間違いはないんじゃないかな。うん、文法はばっちりです。
4. イント(4)a　　　　　　　　11. 意見　　　　　　　　　　12. 評価
構成は……、最初に一番アピールしたいことが書いてあって、なかなかいいですよ。具体的な
こうせい　　　　　　さいしょ　いちばん　　　　　　　　　　　12. 評価
例もわかりやすく書いてあるし。

女：短所もはっきり書いてみたんですけど。どうでしょうか。

男：そうですねえ。短所を書くのは悪くないんだけど、それをどうやって直そうとしてきたかも
4. イント(4)a
書いたらどうでしょうか。あとは……、最後のまとめもうまく書けてますね。最後がちゃんと
9. 助言・提案
終わってない人がよくいるんですよ。

女：あ、そうですか。私も悩みました。じゃ、ここを直して、また持ってきます。

学生はこのあと何を直しますか。

解説

男の人は、短所について「どうやって直そうとしてきたかも書いたらどうでしょうか」と言っている。女の人は「じゃ、ここを直して、また持ってきます」と言っている。

1 「文法はばっちりです」と言っている。「ばっちりだ」は「すばらしい」という意味。

2 担当者は、「（構成は）なかなかいい」と言っている。

4 「最後がちゃんと終わってない人がよくいるんですよ」と言っているが、この学生のことではない。この学生の書類については、「最後のまとめもうまく書けてますね」と言っている。

Regarding weaknesses, the man says, "どうやって直そうとしてきたかも書いたらどうでしょうか (How about including things you have done to improve?)." The woman says, "じゃ、ここを直して、また持ってきます (Then I will correct that and bring it back)."
1 The man says, "文法はばっちりです." "ばっちりだ" means "excellent."
2 He says, "（構成は）なかなかいい ((The structure) is pretty good)."
4 He says, "最後がちゃんと終わってない人がよくいるんですよ (Many people do not complete their applications properly)," but that is not the case for this student. He says of her document, "最後のまとめもうまく書けてますね (You have written a good conclusion at the end)."

男子就缺点说"どうやって直そうとしてきたかも書いたらどうでしょうか (也写一下如何改正过来的，怎么样)"。女子说"じゃ、ここを直して、また持ってきます (那么，我修改一下这里，再拿过来)"。
1 男子说"文法はばっちりです"。"ばっちりだ"意思是"非常完美"。
2 负责人说"（構成は）なかなかいい ((结构)不错)"。
4 虽然男子说"最後がちゃんと終わってない人がよくいるんですよ (经常有学生结尾写得不好)"，但不是指这个学生。关于这个学生的文件，他说"最後のまとめもうまく書けてますね (最后的汇总也写得很好)"。

Về khuyết điểm, người nam nói "どうやって直そうとしてきたかも書いたらどうでしょうか (Cũng nên viết cả việc đã sửa chữa như thế nào)". Người nữ nói "じゃ、ここを直して、また持ってきます (Vậy tôi sẽ sửa chỗ này rồi lại mang đến)".
1 Người nam nói "文法はばっちりです". "ばっちりだ" nghĩa là "xuất sắc".
2 Người phụ trách nói "（構成は）なかなかいい ((cấu trúc) khá tốt)".
4 Tuy có nói "最後がちゃんと終わってない人がよくいるんですよ (Có nhiều người không kết bài đàng hoàng)" nhưng không phải nói về sinh viên này. Người nam nhận xét hồ sơ của sinh viên này là "最後のまとめもうまく書けてますね (Phần tổng kết cuối cùng được viết tốt)".

2番　　　正解　2　　　　　　　　　　　　　　　　　　p.42

p.42

スクリプト　🔊103

会社で、男の人と女の人が話しています。男の人がキャンプ用の椅子を買った目的は何ですか。

女：関口さん、これ何の袋ですか。

男：あ、これ？　折り畳みの椅子。キャンプ用なんだ。昼休みに近くの店で見つけて、安かったから買ったんだよ。

女：関口さん、キャンプするんですか。

男：いや、まだやったことない。そのうち始めようと思ってるんだけどね。でも、これはうちで
17. 副詞
使うんだ。

女：えっ！ 部屋の中ですか。それに座ってテレビ見たり？

男：部屋で使うのもいいかもしれないけど、ベランダで椅子に座ってコーヒーでも飲もうかと
思ってるんだ。いつもしている行動でも、場所が変わると、気分転換できるんだって。雑誌
で見て、やってみようと思って。

女：へえ、おもしろそう。話を聞いてたら、何だか私もやってみたくなりました。
17. 副詞

男：品川さんもやってみたら？
9. 助言・提案

女：じゃ、来月私の誕生日だから、関口さん、プレゼントしてくださいよ。

男：えー！

男の人がキャンプ用の椅子を買った目的は何ですか。

解説

男の人は、「いつもしている行動でも、場所が変わると、気分転換できる」という情報を雑誌で見て、自分もベランダで椅子に座ってコーヒーを飲んでみようと思った。

1 「（キャンプは）そのうち始めようと思ってる」と言っているが、「でも、これはうちで使うんだ」と言っている。

3 女の人が「それに座ってテレビ見たり？」と言ったことに対して、男の人は「部屋で使うのもいいかもしれない」と言っている。しかしそれは、買った時の目的ではない。

4 女の人が「プレゼントしてくださいよ」と言ったが、男の人は自分で使うために買った。

The man saw some information in a magazine that said, "いつもしている行動でも、場所が変わると、気分転換できる (If you do what you always do, but in a different place, it can be refreshing)," so he thought he would try sitting in a chair on his balcony to drink his coffee.
1 He says, "(キャンプは) そのうち始めようと思ってる," but he also says "でも、これはうちで使うんだ."
3 The woman asks, "それに座ってテレビ見たり？" to which he replies, "部屋で使うのもいいかもしれない." However, that is not what he bought the chair for.
4 The woman says, "プレゼントしてくださいよ," but the man bought it for his own use.

男子在杂志上看到 "いつもしている行動でも、場所が変わると、気分転換できる（即使是经常做的行为，变换场所之后也可以产生转换心情的效果）" 这样的信息，自己也想在阳台坐在椅子上喝咖啡。
1 男子说 "(キャンプは) そのうち始めようと思ってる"，但是 "でも、これはうちで使うんだ"。
3 女子说 "それに座ってテレビ見たり？"，对此男子说 "部屋で使うのもいいかもしれない"。但这并不是他购买椅子目的。
4 虽然女子说 "プレゼントしてくださいよ"，但是男子是为了自己使用才买的。

Người nam đọc thông tin "いつもしている行動でも、場所が変わると、気分転換できる (Dù là hành động thường làm nhưng nếu đổi địa điểm thì sẽ thay đổi được tâm trạng)" trên tạp chí nên muốn thử ngồi ghế uống cà phê ở hiên nhà.
1 Tuy có nói "(キャンプは) そのうち始めようと思ってる" nhưng lại nói "でも、これはうちで使うんだ".
3 Đáp lại câu hỏi "それに座ってテレビ見たり？" của người nữ, người nam đã nói "部屋で使うのもいいかもしれない". Nhưng đó không phải là mục đích khi mua.
4 Người nữ nói "プレゼントしてくださいよ" nhưng người nam đã mua cho bản thân dùng.

3番　　正解　I

スクリプト 🔊105

ラジオで男の人が働き方の調査について話しています。最新の調査から何がわかりましたか。

男：皆さんは、「高い給料をもらうよりも、休みがたっぷりあるほうがいい」か、それとも「休

みがたっぷりあるよりも、給料が高いほうがいい」かどちらか1つを選ぶとしたら、どうし
　　18. オノマトペ

ますか。ある会社は、このような働き方に関する様々な調査を20年ほど行っていますが、そ

の結果を見ると、長い間、給料重視が多かったんです。しかし、数年前から、休みが多い

ほうを選ぶ割合が徐々に伸びてきて、最新の結果では50％に迫り、過去最高になったそう
　　　　　　　　　　　　　　　　17. 副詞

です。近いうちに結果が逆になるかもしれませんね。

最新の調査から何がわかりましたか。

1　まだ給料重視の割合のほうが多い

2　まだ休み重視の割合のほうが多い

3　休み重視が減り、給料重視の割合が増えた

4　休み重視の割合が給料重視を上回った

解説

元々、休み重視よりも給料重視のほうが多かった。しかし、数年前から休み重視の割合が徐々に伸びてきている。ただし、「（休み重視の割合は）50％に迫り（＝まだ50％にはなっていない）」「近いうちに結果が逆になるかもしれません」と言っているので、最新の調査でも、給料重視がまだ少し多い。

Traditionally, more respondents have prioritized pay over vacation. However, in recent years, the percentage of respondents who prioritize vacation has slowly increased. Still, the man says, "(the percentage of people who prioritize vacation is) 50％に迫り (close to 50%, i.e., not at 50% yet)" and "近いうちに結果が逆になるかもしれません (we may see the results flip soon)," so even in the latest survey, there are still slightly more people prioritizing pay.

原本重视薪水的人比重视休假的人多。但是从几年前开始重视休假的人的比率逐渐增加。但是，男子说"（重视休假的人的比率）50％に迫り（接近50％）（= 尚未达到50％）""近いうちに結果が逆になるかもしれません（或许在不久的将来结果会逆转）"，所以即使在最新的调查中，重视薪水的人仍然稍微多一些。

Ban đầu tiền lương được chú trọng nhiều hơn ngày nghỉ. Nhưng vài năm trở lại đây tỉ lệ chú trọng ngày nghỉ đang tăng dần. Tuy nhiên, người nam có nói "(Tỉ lệ chú trọng ngày nghỉ) 50％に迫り (= vẫn chưa đạt mức 50%)", "近いうちに結果が逆になるかもしれません (Kết quả có thể sớm bị đảo ngược)", nên trong đợt khảo sát mới nhất thì tiền lương vẫn được chú trọng nhiều hơn một chút.

4番　正解　3

p.43

スクリプト 🔊107

会議で社員3人が新しい店について話しています。

女1：新しく作るコーヒーショップについて、アイデアを出してもらいたいんですが、まずは
店のインテリアについて、小川さん何か意見はありますか。

男　：はい。新しい店の場所は若い人も多いし、おしゃれな店に囲まれています。買い物をし
たお客様が入りやすいように明るくて、シンプルなデザインがいい<u>んじゃないでしょうか</u>。
　　　　　　　　　　　　　　　　　　　　　　　　　　　　　　　　　　11. 意見

女1：というと……。

男　：窓を大きくして、白やシルバーの椅子とテーブルを置くんです。壁にはおしゃれなポス
ターを飾って。若者に人気のあるデザイナーが作ったものがいい<u>と思います</u>。
　　　　　　　　　　　　　　　　　　　　　　　　　　　　　　11. 意見

女2：あの、最近の傾向では、自然の材料を使った店が人気を集めています。木の椅子とテー
ブルを置いたり、植物を飾ったり<u>するのはどうでしょうか</u>。空や森の絵が描かれた壁紙を
　　　　　　　　　　　　　　　　　9. 助言・提案
使うのもいい<u>と思う</u>んですけど……。
　　　　　　　11. 意見

女1：なるほど。それはいいですね。

男　：うーん、確かに、木を使ったインテリアは気持ちが落ち着いて、ゆっくりコーヒーを楽し
　　　11. 意見(反論・前置き)
んで<u>いただける</u> <u>と思います</u>。ただ、植物を置いているのに、壁紙全体が絵になっていると、
　　　2. 敬語【謙Ⅰ】　11. 意見　15. 予測
<u>かえって</u>店の中が<u>ごちゃごちゃ</u>した<u>印象になってしまうんじゃないでしょうか</u>。
17. 副詞　　　　18. オノマトペ　　　　　　　　　　　11. 意見(反論)

女2：うーん。それでは、壁紙を白にすれば、店全体の雰囲気もシンプルになる<u>のでは</u>……。
　　　　　　　　　　　　　　　　　　　　　　　　　　　　　　　　11. 意見

男　：あ、<u>そうですね</u>。で、それだけだと壁が寂しいかもしれないので、自然をイメージしたポ
　　　4. イント(4)d
スターを飾れば、全体の調和も取れますね。

女1：じゃあ、<u>とりあえず</u>その方向で考えてみましょう。
　　　　　　17. 副詞

新しいコーヒーショップのインテリアはどのようになりますか。

1　白い椅子とテーブルを置き、白い壁紙にする

2　白い椅子とテーブルを置き、空や森の絵の壁紙にする

3　木の椅子とテーブルを置き、白い壁紙にする

4　木の椅子とテーブルを置き、空や森の絵の壁紙にする

15回目　67

解説

女の人2の木の椅子やテーブルを置いて、空や森の絵が描かれた壁紙を使うという提案に女の人1は賛成している。一方で男の人は木の椅子やテーブルには賛成したが、植物があるのに壁紙に絵が描かれていると「ごちゃごちゃした印象」になると反論している。そこで、女の人2が壁紙を白にするという提案をし、男の人もそれを受け入れる。最終的に女の人1が「その方向で」考えることに決めた。

Woman 1 agrees with Woman 2's suggestion to furnish the shop with wooden chairs and tables and to use wallpaper with pictures of sky and forest. Meanwhile, the man agrees with wooden chairs and tables, but argues against having both plants and illustrated wallpaper because that would give a "ごちゃごちゃした印象 (confused impression)." Then, Woman 2 suggests white wallpaper, which he agrees with. Finally, the decision is made when Woman 1 says, "その方向で (Let's go with that.)"

女子1赞同女子2的建议，放置木制的椅子或桌子，贴画着天空或者森林的壁纸。另一方面，虽然男子赞同使用木制的椅子或者桌子，但是提出反对意见说摆放植物再在壁纸上画画的话，会变成"ごちゃごちゃした印象（乱七八糟的印象）"。因此，女子2建议壁纸选白色的，男子也接受这个建议。最终女子1决定"その方向で（按照那个方向）"考虑。

Người nữ 1 đồng ý với đề xuất đặt bàn ghế gỗ và dùng giấy dán tường vẽ hình bầu trời hoặc rừng cây của người nữ 2. Trong khi đó, người nam tuy đồng ý với bàn ghế gỗ nhưng phản đối rằng nếu có cây cảnh mà còn dùng giấy dán tường có tranh vẽ thì sẽ gây "ごちゃごちゃした印象 (ấn tượng lộn xộn)". Vì thế, người nữ 2 đã đề xuất dùng giấy dán tường màu trắng và người nam đồng ý. Cuối cùng, người nữ 1 quyết định sẽ suy nghĩ "その方向で (theo hướng đó)".

5番　　正解　2　　　　　　　　　　　　　　　　p.43

スクリプト　🔊109

男：あしたまでにやれって言われても、できるわけないよ。

16. 複雑

女：1　できないって言われたの？

　　2　君なら大丈夫だよ。

　　3　できるわけだね。

解説

「～って言われても、できるわけ（が）ない」は「～と言われても、絶対にできない」という意味。「君なら大丈夫」は「できない」と言っている人に対し、「君はできるから大丈夫」と励ますことば。

"～って言われても、できるわけ（が）ない" means, "even if I am told I should do it, I definitely cannot do it." "君なら大丈夫" is a phrase to encourage a person who says "できない" meaning "you'll be fine because you can do it."

"～って言われても、できるわけ（が）ない" 意思是 "即使别人对我说～，也绝对做不到。" "君なら大丈夫" 是对说 "できない" 的人做出鼓励的话语，意思是 "你能做到所以没问题"。

"～って言われても、できるわけ（が）ない" nghĩa là "dù được dặn là ～ nhưng chắc chắn không làm được". "君なら大丈夫" là lời nói để khích lệ rằng "Cậu làm được mà, không sao đâu", dành cho người nói "できない".

スクリプト 🔊110

男：田中さんが試験に落ちたなんて、うそに決まってるよ。

女：1　いや、本当らしいよ。

　　2　いつ決まったの？

　　3　そろそろ決めようか。

解説

この「～に決まっている」は、「当然～だ」「きっと～だ」という意味で、「うそに決まっている」は、「きっとうそだ」という意味。2、3は「決定する」という意味で、ここには合わない。

This "～に決まっている" means "of course it is ～" or "it must be ～." "うそに決まっている" means "it must be a lie." In 2 and 3, it means "to determine" so they do not fit here.

这个"～に決まっている"意思是"理所当然～""一定～"。"うそに決まっている"意思是"一定是谎言"。2、3是"决定"的意思，在这里不合适。

"～に決まっている" ở đây nghĩa là "đương nhiên là ～", "chắc chắn là ～" nên "うそに決まっている" nghĩa là "chắc chắn là lời nói dối". 2, 3 mang nghĩa "quyết định" nên không phù hợp ở đây.

もんだい
問題 I

ばん　　　　　せいかい
I番　　　正解　3　　　　　　　　　　　　　　　　　　　　　　　　　　p.46

スクリプト　🔊112

おとこ ひと おんな ひと はな　　　　　　　おんな ひと きょう　　　　　　なに
男の人と女の人が話しています。女の人は今日このあと何をしますか。

おんな　　　　　　　　　　そうじ お
女：ああ、やっと掃除終わった。

おとこ　　　　　せんたく お　　　　　きょう　　　　てんき　　　　なに　　　　　きぶん
男：ぼくも洗濯終わったよ。今日はいい天気だから、何をやっても気分がいいね。

おんな　　　　　　　　　ひさ　　　　は　　　　　　　　　　　　　　　　えいが　い
女：ほんと。久しぶりに晴れたね。このあとどうする？　映画にでも行く？

おとこ　　　　　　　　　　　　　　　にわしごと　　　　　　　　き えだ すこ き　　　　か くさ はな ぬ
男：うーん、せっかくだから、庭仕事しようよ。あの木の枝を少し切って、枯れた草や花を抜い
　　　　　　　　17. 副詞
　　す
　　て捨てよう。

おんな　　　　　　　　　　　　　　　はる む　　　　　　はな う
女：そうだね。それから、春に向けて、花を植えるのもいいね。

おとこ　　　　　　　　　　　　　　　き えだ き
男：いいね。じゃあ、ぼくは木の枝を切るよ。

おんな　　　　　わたし くさ ぬ　　　　　　へん
女：じゃあ、私は草を抜いてこの辺をきれいにするね。

おとこ　　　　　　　　　きょねん と　　　はな たね　　　たな うえ お
男：そういえば、去年取った花の種、この棚の上に置いといたんだけど知らない？

おんな　　　　　　　　たね　　　　　　　　あいだ す
女：え！　あれ、種だったの？　この間捨てちゃったよ。

おとこ
男：ええ！　なんで？

おんな　　　　　　　　　　　　　　おも　　　　　あたら　　　　か
女：ごめんごめん。ゴミだと思ったんだ。新しいのを買えばいいじゃない。
　　　　　　　　　　　　　　　　　　　　　4. イント(2)b
おとこ
男：ひどいなあ。

おんな　　　　か い　　　　　　　　　　はじ
女：あとで買いに行ってくるよ。とにかく始めよう。
　　　　　　　　　　　　　　17. 副詞

おんな ひと きょう　　　　　なに
女の人は今日このあと何をしますか。

ばん　　　　　せいかい
2番　　　正解　I　　　　　　　　　　　　　　　　　　　　　　　　　p.46

スクリプト　🔊113

おとこ ひと おんな ひと はな　　　　　　　おとこ ひと ある　　　　　とき　　　　　　　　　　　　　おも
男の人と女の人が話しています。男の人は歩いている時にどのようなことをしようと思いまし

たか。

おんな さいきん なに うんどう
女：最近、何か運動してる？

男：うん、仕事の帰りに一駅前で降りて、歩いているんだ。でも、ただ歩くだけって、つまらないんだよね。

女：そう？　私はよく川のそばを歩いているんだけど、川にいろんな鳥がいるんだよね。その写真を撮って、あとで鳥の名前を調べると、楽しいよ。

男：ふーん。でも、ぼくのうちのそばは川もないし、鳥もほとんどいないよ。

女：そうか。じゃあ、道を歩いてて、前とは変わったところを最低一つは見つけるっていうのはどう？　ゲームみたいにね。たとえば、この家の花が咲いたとか、新しい店ができたとか、そういうことを見つけてメモするの。
<small>9. 助言・提案</small>

男：えー、人の家をじっと見てメモなんかしてたら、変な人だと思われるんじゃない？
<small>18. オノマトペ</small> <small>11. 意見　4. イント(1)</small>

女：そんなことないよ。あとはねえ、毎回違う道を歩くとか。スマホの地図があるから、迷っても大丈夫だよ。

男：うーん、違う道って言われても、ぼくは会社の帰りに一駅歩くだけだからね……。でも、さっきの方法はいいかもしれない。メモは、家に帰ってからするよ。
<small>5. 順番</small>

男の人は歩いている時にどのようなことをしようと思いましたか。

3番　　正解　4　　　　　　　　　　　　　　　　　　　　p.46

スクリプト 🔊114

男の人と女の人が話しています。男の人はこのあと何をしますか。

男：先生、ポスター・コンクールにこの絵を応募しようと思っているんですが……。

女：ああ、佐藤さんらしい、柔らかい雰囲気がとてもいいですね。

男：ありがとうございます。

女：でも、少し寂しい印象の絵ね。もう少し見る人に元気を与えるものにしたほうがいいんじゃないかな。
<small>9. 助言・提案</small>

男：はあ、元気を与える、ですか……。

女：たとえば、子どもたちの表情を笑顔にするとか、空を見上げているようにするとか。そうすれば、子どもたちが未来に向かって希望を持っているように見えるんじゃない？
<small>11. 意見　4. イント(1)</small>

男：なるほど。でも、そこを直すと全体のバランスが悪くなりませんか。

女：ああ、そうねえ。じゃあ、空の色をもっと青くするのは？　青い空と白い雲が明るい気持ち
<small>9. 助言・提案</small>

にさせるんじゃないかなあ。

<u>11. 意見</u>

男：あ、それはいいですね。

女：あとは……。

男：先生、実は、締め切りあさってなんです。
　　　<u>15. 予測</u>

女：え！　それじゃあ、もう時間ないじゃない。
　　　　　　　　　　　　<u>4. イント(2)b</u>

男：そうなんですけど……。さっき先生が<u>おっしゃった</u>ことならすぐできると思うので、やって
　　　　　　　　　　　　　　　　　　<u>2. 敬語【尊】</u>

　　みます。

男の人はこのあと何をしますか。

4番　　正解　3　　　　　　　　　　　　　　　　　　　　　　p.46

スクリプト　🔊115

電話で、女の人と男の人が話しています。女の人はこのあとまず何をしますか。

女：はい。あまの食品です。

男：あ、桜ケーキの桜井です。<u>お世話になっております</u>。<u>実は</u>ですね、昨日、いちごのケーキ
　　　　　　　　　　　　　　　<u>1. あいさつ</u>　　　　　　<u>15. 予測</u>
　　を500個<u>注文</u>したんですが、それを追加で200個<u>お願いしたい</u>んです。できますか。
　　　　　　　　　　　　　　　　　　　　　　　　　　　　　　　　　

女：あ、ありがとうございます。<u>少々お待ちください</u>。えーっと、はい。在庫があるので、大
　　　　　　　　　　　　　　　<u>6. 依頼　2. 敬語【尊】</u>
　　丈夫です。

男：よかったー。昨日の注文分、振込みしてないから、発送はまだですよね。

女：はい、お振込みが<u>確認でき次第</u>、<u>お送りしよう</u>と<u>思っておりました</u>。
　　　　　　　　　　<u>5. 順番</u>　　<u>2. 敬語【謙Ⅰ】</u>　　<u>2. 敬語【謙Ⅱ】</u>

男：えーと、200個追加だとおいくらになりますか。

女：はい。ええ……、最初のご注文と合わせて、合計98,550円になります。

男：わかりました。じゃ、それでお願いします。えー、98,550円、今日中に振込みます。あの、
　　<u>申し訳ないんですが</u>、商品、急ぎで必要なので、<u>できるだけ早く送っていただきたい</u>んです
　　<u>6. 依頼（前置き）</u>　　　　　　　　　　　　　　<u>17. 副詞</u>　　　　<u>6. 依頼　2. 敬語【謙Ⅰ】</u>
　　が……。

女：はい、<u>かしこまりました</u>。お振込みが<u>確認でき次第</u>、すぐに発送できるように商品を準備
　　　　<u>2. 敬語【謙Ⅰ】</u>　　　　　　　　<u>5. 順番</u>
　　しておきます。

男：はい、よろしくお願いします。

女の人はこのあとまず何をしますか。

72

5番　　正解　3　　　　　　　　　　　　　　　　　　p.47

スクリプト　🔊116

女の人と男の人が話しています。女の人はこのあと何をしますか。

女：課長、A社へのプレゼンの資料、見ていただけましたか。
　　　　　　　　　　　　　　　　　　　　2. 敬語【謙 I 】

男：ああ、見たよ。これだね。大体いいんだけど、2、3直してもらいたいところがあるんだ。

女：はい、どこでしょうか。

男：まず、3ページ目のスライドなんだけど、データの数字が古いんじゃない？　今年の数字が
　　　　　　　　　　　　　　　　　　　　　　　　　11. 意見　4. イント(1)

　　もう出てただろう。

女：はい、すみません。課長にお送りしたあと気がついて、新しい数字にしたものを今朝送り
　　　　　　　　　　　　2. 敬語【謙 I 】

　　直したんですが……。

男：あ、気がつかなかったな。じゃあ、いいね。それから、5ページ目の表はわかりにくいよ。

　　グラフにするといいんじゃないかな。
　　　　　　　9. 助言・提案

女：ああ、そうですね。そのほうが見やすいですね。
　　　4. イント(4)d

男：それから、この写真だけど、全体が写ってる写真はないの？　ちょっと見にくくないかなあ。

女：それが、探したんですけど、これしかなかったんです。
　　15. 予測

男：そうか。大事な部分は写ってるから、まあこれでいいか。あと、スライドの背景の色が全体

　　的に暗いから、もっと明るい色にしたらどうだろう。先週のプレゼンで使ったスライドはよ
　　　　　　　　　　　　　　　　　9. 助言・提案

　　かったじゃないか。

女：そうですか。この色、A社のロゴマークの色なので使ってみたんですが。

男：うーん。そこはあまり気にしなくていいんじゃないかなあ。やっぱり明るい印象のほうが
　　　　　　　　　　　　　　　　　　11. 意見　　　　　15. 予測

　　いいよ。

女：わかりました。

男：じゃあ、作り直したものをあとでもう一度見せて。
　　　　　　　　　　　　　　　　　6. 依頼

女の人はこのあと何をしますか。

問題2
1番　　正解　3　　　　　　　　　　　　　　　　　　　　　　　p.48

スクリプト　🔊118

テレビで男の人が話しています。小型のキャンピングカーはどんな車ですか。

男：近年、新車が売れなくなっているなか、小型のキャンピングカーが売り上げを伸ばしている
　　そうです。キャンピングカーというとベッドやキッチン、シャワーやトイレが付いている大
　　きくて豪華な車を想像しますね。山の中など何もないところに車で行って、そのまま泊ま
　　ることができる憧れの存在です。ただ、何千万円もするので、手に入れられる人は多くあり
　　ません。ところが、最近小型で普通の車とほとんど同じ大きさのキャンピングカーが売れて
　　　　　　　　　　　　　　　15. 予測
　　いるそうです。この車に付いているのは、エアコンや冷蔵庫を動かすためのバッテリーと、
　　倒してベッドとして使える椅子だけです。キッチンもシャワーもトイレもありません。日本
　　ではキャンピングカーで宿泊できるところは限られていますが、そのような場所にはたいて
　　いトイレや水道などの設備があります。わざわざ車の中に備えておく必要はありません。ま
　　　　　　　　　　　　　　　　　　　　　17. 副詞
　　た、温泉もレストランもたくさんあるので、困ることはないのです。

小型のキャンピングカーはどんな車ですか。

2番　　正解　1　　　　　　　　　　　　　　　　　　　　　　　p.48

スクリプト　🔊119

男の人と女の人が植物について話しています。男の人はどうして植物の鉢を外に出しましたか。

女：あ、この鉢植え、やっと元気になったね。新しい葉が出てる。

男：そうなんだよ。これ、外に出しておいたら、どんどん葉っぱの色が悪くなっちゃってさ。雪
　　が降りそうな時にも外に置いていたから、葉っぱが凍っちゃったのかも。

女：あんなに寒かったのに、どうして外に出してたの？

男：町を歩いていたら、これと似た植物を見つけたんだよ。それは外に置いてあったから、う
　　ちのも大丈夫だと思ったんだ。でも、しばらくしたら、うちのとは違う花が咲いてたんで、
　　違う植物だってわかったんだよ。

女：そうだったんだ。

74

男：で、本でちゃんと調べてみたら、この植物は寒さに弱いって書いてあって……。すぐうちの中の日の当たるところに置いて、それから一生懸命に手入れをし続けたら、少しずつ元気になったんだ。

女：そうか。きっと「寒いよ～」って泣いてたんでしょうね。

男：そうかもしれない。まあ、こっちのほうが手入れもしやすいしね。

女：うん、そのほうが花の様子もよくわかるね。花にちゃんと謝って、咲くように、毎日話しかけるといいよ。

男の人はどうして植物の鉢を外に出しましたか。

3番　正解　3　　　　　　　　　　　　　　　　　　　　　　　　　　p.48

スクリプト 🔊120

女の人と男の人がアイスクリームの売り場で話しています。溶けにくいアイスクリームが開発された理由は何ですか。

女：見て。これ、溶けにくいアイスクリームだって。

男：あ、知ってる。最近、ピザなんかを配達してもらう時、デザートとしてアイスクリームも食べたいという人がいて、これがすごく人気があるんだって。歩きながら食べられるから、観光地でも売れてるらしいよ。

女：ああ、確かに配達に30分ぐらいかかることがあるから、溶けにくいのは助かるね。

男：でも、実は、これ、お年寄りの声によって開発されたんだよ。お年寄りは歩くのが遅いから、15. 予測
買って帰るのに時間がかかるだろう？　暑い日なんてうちに帰るまでに溶けちゃうことがあったんだって。だから、どうしてもプリンとかゼリーのように溶けないものを買うしかなかったらしいんだ。
16. 複雑

女：そうか。

男：で、アイスクリームのメーカーが溶けにくいアイスを開発したっていうわけ。今すごい売り上げらしいよ。

女：へえ、それで私たちもピザと一緒にアイスクリームも注文できるんだね。

溶けにくいアイスクリームが開発された理由は何ですか。

4番　正解　3 p.48

スクリプト　🔊121

会社で男の人と女の人が話しています。男の人はどうして転勤を断りたいと言っていますか。

男：部長、先日お話をいただきました福岡への転勤のことなんですが、うーん、やっぱりちょっ
と難しくて……。お断りしたいと思ってるんです。新しい支店を作るという仕事は、やり
がいがあるので、ぜひやってみたい気持ちはあるんですが……。

女：そうですか。福岡は今後のわが社にとって重要な支店になるので、ぜひ松田さんにお願い
したいと思ったんですけどね。もう体調はよくなったんでしょう？

男：はい、もうすっかり。ご心配をおかけしました。

女：それはよかった。

男：ただ、子どもの大学受験がありまして。本人は父さんがいなくても大丈夫と言ってますが、
親からすればまだまだ子どもなので……。やはり、今は、そばにいたほうがいいと思いまし
て……。

女：ああ、そうですか。それはしかたないですね。

男：はい、私も本当に残念なんですが……。またこのような機会がありましたら、ぜひやらせて
いただきたいと思います。

男の人はどうして転勤を断りたいと言っていますか。

5番　正解　2 p.49

スクリプト　🔊122

女の学生と男の学生が話しています。男の学生は歴史を学ぶ楽しさは何だと言っていますか。

女：石田君は、大学で何の勉強をするつもり？

男：歴史を専攻したいと思っているんだ。

女：歴史か。歴史ってちゃんと知っとかなきゃとは思うけど、覚えることが多いでしょう？
人の名前とか何年に何があったとか。私は暗記が苦手だから無理。

男：いや、歴史はそれだけじゃないよ。新しい発見がいろいろあるんだ。たとえば、お寺や古
い家で昔の手紙が見つかったり、土の下から何かが出てきたりして、これまでわかっていた
ことが修正されることもあるし。

女：じゃあ、教科書の内容が変わることもあるの？

男：うん。そういうこともあり得るね。それに、過去に何があったかは戦いに勝った人の立場から書かれているけど、実際は違うことも多いんだよ。これまで本に書いてあったことと違う、新しい事実が見つかるのがおもしろいんだ。

女：ふーん、そう考えると、何だか わくわくするね。
17. 副詞　18. オノマトペ

男の学生は歴史を学ぶ楽しさは何だと言っていますか。

6番　正解　4　　　　　　　　　　　　　　p.49

スクリプト　🔊123

テレビのニュースでアナウンサーが話しています。去年と比べて、利用者の評価が上がった項目は何ですか。

女：山川鉄道は、先月行われた利用者の満足度調査の結果を発表しました。安全性や時間の正確さ、車内環境の快適さの点では高い評価を得たのに対し、車内、駅でのアナウンスが不十分でわかりにくいという回答が多くありました。昨年の調査で、車内環境の快適さについて、冷房が効きすぎているとの声が多く、あまり評価もよくなかったため、冷房が弱い車両を作ったところ、今年はその改善が評価されました。一方、昨年の調査で、アナウンスが過剰であるとの意見があったため、アナウンスを減らすなどの見直しを行ったのですが、今年の調査では、それに対して不満を持っている利用者が多いことがわかりました。山川鉄道は、今後さらに改善して利用者の満足を得たいとしています。
12. 評価　12. 評価　12. 評価

去年と比べて、利用者の評価が上がった項目は何ですか。

問題3
1番　正解　3　　　　　　　　　　　　　　p.50

スクリプト　🔊125

旅館の人が話をしています。

男：こちらの庭は、けっこう広く見えますが、実際にはそれほど大きくないんです。ここから木が何本か見えますね。それにいろいろな石も置かれています。そのため、広い山の中にいる

ような気持ちになるんです。また、季節によって、様々な草花が咲き、ここにお泊まりになる
_{き　せつ} _{さまざま} _{くさばな} _さ _と
方の心を穏やかにしてくれます。この庭を眺めていると、自然にこうなったように見えます
_{かた} _{こころ} _{おだ} _{にわ} _{なが} _{しぜん}
が、実は人が毎日のように手を加えてそう見せているんですよ。でも、それに気づかせない
_{じつ} _{ひと} _{まいにち} _て _{くわ} _み _き
ようにするのが、手入れの大事な点です。
_{てい} _{だいじ} _{てん}

2. 敬語【尊】

15. 予測

男の人は何について話していますか。
_{おとこ} _{ひと} _{なに} _{はな}

1　自然そのままの庭の美しさ
_{しぜん} _{にわ} _{うつく}

2　山の中に庭を作る方法
_{やま} _{なか} _{にわ} _{つく} _{ほうほう}

3　庭を自然のままのように見せる工夫
_{にわ} _{しぜん} _み _{くふう}

4　気持ちが穏やかになる山の自然
_き _も _{おだ} _{やま} _{しぜん}

2番　　正解　4 　　　　　　　　　　　　　　　　　　　　　p.50
_{ばん} _{せいかい}

スクリプト　🔊126

テレビで男の人が女の人にインタビューをしています。
_{おとこ} _{ひと} _{おんな} _{ひと}

男：最近、家庭用ロボットが増えていますね。
_{おとこ} _{さいきん} _{か ていよう} _ふ

女：ええ、ここ何年かの間に、一般の家庭でもロボットが使われるようになりました。用途に
_{おんな} _{なんねん} _{あいだ} _{いっぱん} _{か てい} _{つか} _{ようと}
合わせた様々なロボットが作られているんです。主に若い人が利用していますが、最近は、
_あ _{さまざま} _{つく} _{おも} _{わか} _{ひと} _{りよう} _{さいきん}
お年寄りのために作られた家庭用ロボットもあります。人や動物の形をしていて、にっこり
_{とし よ} _{つく} _{か ていよう} _{ひと} _{どうぶつ} _{かたち}
しながらあいさつをしたり、心配そうに体の調子を尋ねてくれるんです。このロボットに
_{しんぱい} _{からだ} _{ちょうし} _{たず}
はカメラがついていて、部屋の中で音がする方に自動的にカメラを向けてくれます。ですか
_{へ や} _{なか} _{おと} _{ほう} _{じどうてき} _む
ら、スマホなどを使って、家の外から中の様子を見ることができます。離れて住んでいる子
_{つか} _{いえ} _{そと} _{なか} _{ようす} _み _{はな} _す _こ
どもが年をとった親を見守るためにこのようなロボットを買うことが多いようです。
_{とし} _{おや} _{みまも} _か _{おお}

18. オノマトペ

女の人はどんなロボットについて紹介していますか。
_{おんな} _{ひと} _{しょうかい}

1　子どもや動物に笑ってあいさつするロボット
_こ _{どうぶつ} _{わら}

2　お年寄りの健康を管理するロボット
_{とし よ} _{けんこう} _{かんり}

3　親が子どもの様子を見るために作られたロボット
_{おや} _こ _{ようす} _み _{つく}

4　離れて暮らす親の様子が見られるロボット
_{はな} _く _{おや} _{ようす} _み

3番　　正解　2　　　　　　　　　　　　　　　　　　　　　p.50

スクリプト　🔊127

ラジオで、女の人が話しています。

女：最近、働き方が多様化して、会社に行くのが一月に数回程度という方も増えていますよね。そういう方は、都心から離れた郊外に生活の基盤を移したいと考えるようです。広い家に住んで、環境のいいところで子どもを育てたいという希望からなんでしょうね。でもたまに会
17. 副詞
社に行く時に通勤時間が非常にかかるのも不便ですよね。そこで、都心にも小さいマンションを持つ人が徐々に増えてきているようです。二つの家を行き来することで、短時間で会社
17. 副詞
にも通えるし、空気のいいところでも生活できるというわけです。

女の人はどのような変化が起きたと言っていますか。

1　都心のマンションで子どもを育てる人が増えている
2　都心と郊外に家を持つ人が増えている
3　郊外の家に住んで、会社に通勤しない人が増えている
4　郊外から都心に引っ越す人が増えている

4番　　正解　3　　　　　　　　　　　　　　　　　　　　　p.50

スクリプト　🔊128

ラジオで専門家が話しています。

男：お宅の冷蔵庫には物がたくさん入っていますか。「スーパーで安売りの時にたくさん買っておくから、いっぱいだ」と言う方も多いと思います。ある調査によると、お金を上手に貯める人の特徴として、冷蔵庫には、物があまり入っていないということがあるそうです。確かにまとめて買えば、商品一つの値段は安くなりますから得をしますが、買いすぎて、結局捨てることになったら、どうでしょう。これ、スーパーの買い物の話だけじゃないんです。つまり、お金を貯められる人は、その時、得になるかどうかじゃなくて、長期的に考えて
15. 予測
得かどうかを考えられる人なんです。お金を貯めたい、お金持ちになりたいと思う方、自分のお金の使い方を見直してみてください。

この話のテーマは何ですか。

1　冷蔵庫の中の物の調査結果　　　2　スーパーで安く物を買う方法

3　お金を上手にためる人の考え方　　　4　時代とともに変化するお金の使い方

5番　　正解　|　　　　　　　　　　　　　　　　　p.50

スクリプト　🔊129

幼稚園建設について、女の人と男の人が話しています。

女：市長、来年の春、建設予定の幼稚園について、近くに住む住民から反対意見が多く出ているようですが。

男：はい。確かに近くの住民の方から「子どもたちの声がうるさくて、静かな環境が壊されるのではないか」という騒音を心配する声が出ています。
11. 意見
そこで、同じ規模のほかの幼稚園で行われた騒音についてのアンケート結果を見てみました。それによると、近くの住民の中で騒音に困っているという意見は少なかったんです。また、特別な壁を使えば、音をかなり防げるという調査結果もあります。このようなデータを示して住民の方に丁寧にご説明すれば、ご理解いただける んじゃないかと思っています。
2. 敬語【謙 I】　2. 敬語【謙 I】　　11. 意見
駅から近いこの幼稚園は、利用者にとって便利な施設になります。ほかの場所を探すことは今のところ考えておりません。
2. 敬語【謙 II】

幼稚園建設についての市長の考えはどのようなものですか。

1　騒音についての調査結果を示し、住民に理解してもらう

2　幼稚園の近くの住民に対して調査を行う必要がある

3　駅から近くて、便利な場所を探さなければならない

4　幼稚園の規模を小さくするべきだ
8. 義務

問題4

1番　　正解　3　　　　　　　　　　　　　　　　　　　　　　　　　p.51

スクリプト　🔊131

女：次の会議、何時からだったっけ？

男：1　4時に終わる予定だったと思います。

　　2　何時から始まったのかちょっとわかりません。

　　3　3時からでしたが、中止になりました。

2番　　正解　1　　　　　　　　　　　　　　　　　　　　　　　　　p.51

スクリプト　🔊132

女：写真はどうぞご遠慮なく。
　　　　　　　　7. 許可(2)

男：1　え、撮ってもいいんですか。

　　2　あ、申し訳ありません。気がつかなくて。

　　3　じゃ、遠慮しておきます。

3番　　正解　1　　　　　　　　　　　　　　　　　　　　　　　　　p.51

スクリプト　🔊133

女：あのう、今月のどこかで来年度の販売計画について、発表させていただけませんか。
　　　　　　　　　　　　　　　　　　　　　　7. 許可　2. 敬語【謙Ⅰ】

男：1　いいよ。次の会議でいい？
　　　4. イント(3)b

　　2　わかった。じゃ、発表するよ。

　　3　うーん、だれが発表してくれるかなあ。

4番　　正解　2　　　　　　　　　　　　　　　　　　　　　　　　　p.51

スクリプト　🔊134

男：5年ぶりに井上さんと組んで仕事をすることになったんだ。

女：1　5年も一緒に働いたの？

　　2　え？　前にも一緒に仕事したことあるの？

　　3　5年後の仕事なんて、わからないよ。

5番　正解　1　　　　　　　　　　　　　　　　　　　　　　　　p.51

スクリプト　🔊135

女：昨日、具合悪いって言ってたけど、今日はもういいの？

男：1　はい、昨日早く帰らせていただいたおかげで、だいぶよくなりました。
　　　　　　　　　　　2. 敬語【謙Ⅰ】　　　　　　　　　17. 副詞

　　　2　まだ具合がよくないなら、早く帰ったほうがいいですよ。

　　　3　ありがとうございます。おことばに甘えて帰らせていただきます。
　　　　　　　　　　　　　　　　　　　　　　　　2. 敬語【謙Ⅰ】

6番　正解　2　　　　　　　　　　　　　　　　　　　　　　　　p.51

スクリプト　🔊136

男：この書類、数字がぎっしり書いてあって、読んでも頭に入らないよ。
　　　　　　　　　　　18. オノマトペ

女：1　そうね。もっと数字で説明してほしいよね。

　　　2　そうかな。数字で示されているから、わかりやすいと思うけど。
　　　　　　　　　　　　　　　　　　　　　　　　11. 意見

　　　3　そのとおりだよ。数字が少ないから、わかりにくいんだよ。

7番　正解　1　　　　　　　　　　　　　　　　　　　　　　　　p.51

スクリプト　🔊137

男：宿題が山ほどあるんだ。

女：1　大変だね。

　　　2　山は楽しいよね。

　　　3　じゃ、すぐ終わるね。

8番　正解　1　　　　　　　　　　　　　　　　　　　　　　　　p.51

スクリプト　🔊138

女：山下君の描いた先生の顔、そっくりだ。
　　　　　　　　　　　　　　　18. オノマトペ

男：1　さすがマンガ部の部長だね。
　　　　　12. 評価

　　　2　山下君は習い始めたばかりだから、しょうがないよ。

　　　3　え、そんなにめちゃくちゃなの？
　　　　　　　　　　18. オノマトペ

9番　　正解　3

p.51

スクリプト　🔊139

男：この俳優の演技、<u>文句のつけようがない</u>ね。
　　　　　　　　　　　12. 評価

女：1　私もそう思う。<u>ひどい</u>よね。
　　　　　　　　　　12. 評価

　　2　テレビ局に<u>文句</u>言ったほうがいいよ。

　　3　うん、本当にうまいよね。

10番　　正解　2

p.51

スクリプト　🔊140

女：このプレゼン資料、この漢字<u>さえ</u>直せば、あとは、問題ないですよ。
　　　　　　　　　　　　　　16. 複雑

男：1　一つも問題がないんですね。よかった。

　　2　わかりました。すぐ修正します。

　　3　漢字以外の問題はどこですか。

11番　　正解　2

p.51

スクリプト　🔊141

男：高橋さん、社長が<u>お呼び</u>ですよ。
　　　　　　　　　　　2. 敬語【尊】

女：1　はい、すぐに<u>お呼びします</u>。
　　　　　　　　　　　2. 敬語【謙I】

　　2　はい、すぐ行きます。

　　3　はい、すぐに呼んでください。

12番　　正解　1

p.51

スクリプト　🔊142

女：さっきまで、雨が<u>降りそうだった</u>けど、少し晴れてきましたよ。
　　　　　　　　　　　14. 起きなかったこと

男：1　今、出れば、傘はなくてもいいですね。

　　2　それじゃ、傘を<u>お借りしたい</u>んですけど。
　　　　　　　　　　　2. 敬語【謙I】 7. 許可

　　3　ああ、もうこれ以上は降りませんね。

問題5

|番　正解　|

p.52

スクリプト 🔊144

不動産屋で男の人と店の人が話しています。

男：あの、この辺で、一人用のアパートを探してるんですが。家賃が10万円ぐらいで、駅から近いところがいいんですが。

女：はい、そうですねえ。えー、条件に合うものがいくつかあります。まず、Aアパートは駅から歩いて8分ですね。ここの家賃は、10万円ちょうど。ご希望に合うと思いますが、ただ、

4. イント(4)a
エレベーターがないんですよ。3階なんですけどね。

15. 予測

男：ああ、そうですか。3階なら、まあ、なくても大丈夫かな。

女：それから、こちら、Bアパートは、駅のすぐ前で、すごく便利なんですが、家賃が125,000円で、ちょっとお高くなります。でも、まだ新しくて、部屋もきれいなんですよ。

男：へえ、駅前ですか。朝、ゆっくりできますね。

女：それから、もう一つありますね。Cアパート。ここは駅から歩いて12分ですけど、1階がコンビニなので、とても便利ですよ。部屋も広くて、家賃は95,000円。8階建ての5階で、もちろんエレベーターがあります。それに、ベランダから前の公園の木が見えて、景色がいいんですよ。

男：ああ、緑が見えるのはいいですね。そういうところ、ほかにもありますか。

女：それでしたら、いいところがあります。Dアパート。すごく広いのに、家賃は8万円。1階で、小さい庭がついてます。自分で植物を育てることができますよ。ただ、駅から歩いて20分

15. 予測
かかるんですよね。

男：うーん。庭があるのはいいけど、駅から20分はちょっと遠いなあ……。やっぱり、駅から

15. 予測
10分以内で、安いほう。ここを見せてもらえますか。

6. 依頼

男の人はどのアパートを見に行きますか。

1　Aアパート　　2　Bアパート

3　Cアパート　　4　Dアパート

84

スクリプト　🔊145

会社で社員3人が話しています。

男1：じゃ、今日のミーティングはこれまで<u>って</u>ことで、次の日時を決めたいと思いますが、来
　　　週の水曜日の同じ時間、3時でいいですか。

男2：水曜日<u>って</u>、3月17日ですね。あ、その日は大阪出張から帰ってくるんですけど、東京
　　　駅に2時なんで、4時からだったら参加できます。

女　：私も、その日だったら大丈夫です。

男1：じゃ、4時からにしようか。でも、急がせると悪いなあ。次の日にするか。

男2：そう<u>していただける</u>と、ありがたいです。
　　　　　　　2. 敬語【謙I】

女　：あ、すみません。その日はお休みをもらう予定なんです。

男1：そうか。じゃあ、その次の日、19日の3時でいい<u>かな</u>。

男2：あ、金曜日、学生が3時に会社訪問に来るので……。

男1：じゃ、午前中にするか。

女　：あの……。その日は……午前中研修が入っているんです。うーん。渡辺さんには悪いけど、
　　　<u>やっぱり</u>水曜日、東京駅からまっすぐミーティング<u>って</u>ことで<u>お願いできないかな</u>。
　　　　　15. 予測　　　　　　　　　　　　　　　　　　　　　　　　　6. 依頼

男1：ぼくはいいけど、渡辺、どう？

男2：了解です。お土産買ってきます。

男1：じゃ、そういうことで。次回もよろしくお願いします。

男2、女：はい。

次のミーティングはいつになりましたか。

1　17日の3時　　2　17日の4時

3　19日の3時　　4　19日の4時

スクリプト　🔊146

大学で先生が学生にコンクールについて話しています。

男1：皆さん、これからアート・コンクールについて説明します。卒業するまでに必ず一つ自分の作品を応募してください。もし賞が取れれば、皆さん自信がつきますよ。まず、Aコンクールですが、これは締め切りが近くて来週の日曜日です。彫刻は応募することができません。Bコンクールは絵画も彫刻も応募できます。このコンクールは全国から大勢が応募する有名なものです。選ばれると東京美術館に3ヶ月間飾られますよ。締め切りは、えーと、今月末です。次はCコンクールです。これも絵画と彫刻が応募できます。締め切りは来月末です。最後はDコンクール。これは絵画のみで、締め切りはこちらも来月末です。これは選ばれると賞金として50万円もらえますよ。では、皆さん頑張ってください。

女　：どれに出す？

男2：ぼくは彫刻だからBかCなんだけど……。

女　：そうだね。作品、もうできてるの？

男2：まだ。彫刻は時間がかかるから。

女　：私ももう少しなんだ。今できてないと来週の日曜日は無理だよね。

男2：そうだよね。ぼくは締め切りはなるべく遅いほうがいいから、こっちだな。伊藤さん、この前の絵でも賞取ってたし、今回大きいコンクールに出してみるのもいいんじゃない？
　　　　　　　　　　　　　　　　　　　　　　　　　　　9. 助言・提案　4. イント(1)

女　：そうしたいんだけど、実は50万円にも興味があって。
　　　　　　　　　　　　　　15. 予測

男2：確かに、50万円は魅力的だよね。でも、伊藤さんは絶対こっちに出したほうがいいよ。選
　　　11. 意見(反論・前置き)　　　11. 意見

ばれたら有名になって絵が売れるかもしれないよ。

女　：ええ、そうかなあ。じゃあ、そうしようかな。

質問1　男の人はどれに応募しますか。

質問2　女の人はどれに応募しますか。

腕試し

2. 敬語　　　　　　　　　　　　　　　　　　　　　　　　　p.62

I

1　正解　a　スクリプト　🔊148　前田様でいらっしゃいますか。

2　正解　b　スクリプト　🔊149　前田様はいらっしゃいますか。

3　正解　b　スクリプト　🔊150　お見せしてもよろしいですか。

4　正解　a　スクリプト　🔊151　拝見してもよろしいですか。

5　正解　a　スクリプト　🔊152　写真を撮らせていただけませんか。

6　正解　b　スクリプト　🔊153　写真を撮っていただけませんか。

7　正解　a　スクリプト　🔊154　お呼びでしょうか。

8　正解　b　スクリプト　🔊155　お呼びしましょうか。

II

1　正解　a　スクリプト　🔊156　場所をご存じですか。

2　正解　b　スクリプト　🔊157　8時にお出でください。

3　正解　a　スクリプト　🔊158　どうされましたか。

4　正解　a　スクリプト　🔊159　その日、空けておいていただけますか。

3. 話しことば　　　　　　　　　　　　　　　　　　　　　p.66

1　正解　a　スクリプト　🔊160　お水、ここに置いとくね。

2　正解　a　スクリプト　🔊161　友達に来られちゃって。

3　正解　b　スクリプト　🔊162　その絵にさわっちゃいけないよ。

4　正解　b　スクリプト　🔊163　コンビニ寄ってく？

5　正解　a　スクリプト　🔊164　傘、持ってかない？

6　正解　b　スクリプト　🔊165　早く来いって。

7　正解　a　スクリプト　🔊166　何言ってんの？

8　正解　b　スクリプト　🔊167　あしたは雨だって。

9　正解　a　スクリプト　🔊168　会議、あしたじゃなかったっけ？

10　正解　b　スクリプト　🔊169　私なんか……。

11　正解　a　スクリプト　🔊170　この映画おもしろいかなあ。

12　正解　a　スクリプト　🔊171　早めに準備しとこう。

4. イントネーション   p.69

1 正解 b スクリプト 🔊182 山田さん、出席しないんじゃない？

2 正解 a スクリプト 🔊183 川田先生は、今日お休みなんじゃない？

3 正解 b スクリプト 🔊184 あの歌手、有名じゃないんじゃない？

4 正解 a スクリプト 🔊185 彼、いい人じゃない。

5 正解 b スクリプト 🔊186 彼、いい人じゃない。

6 正解 a スクリプト 🔊187 彼、いい人じゃない？

7 正解 a スクリプト 🔊188 その服、似合わなくないじゃない。

8 正解 b スクリプト 🔊189 それやるの？　いいよ。

9 正解 a スクリプト 🔊190 あしたうちに来るの？　いいよ。

10 正解 b スクリプト 🔊191 やりたいことですか。そうですねえ。

11 正解 c スクリプト 🔊192 参加者は80名、そうですね？

14. 実際には起きなかったことを表す表現   p.83

1 正解 a スクリプト 🔊193 昨日のパーティー、行かないつもりだったんだ。

2 正解 b スクリプト 🔊194 今度のパーティー、行かないつもりだよ。

3 正解 a スクリプト 🔊195 この映画、見るつもりじゃなかったんだけど……。

4 正解 b スクリプト 🔊196 メールを返信したつもりだったんですが……。

5 正解 a スクリプト 🔊197 昨日の会議、坂井さんは出席しないはずだったけど、予定が変わって。

6 正解 b スクリプト 🔊198 昨日の会議、キムさんは出席しなかったはずだよ。

7 正解 a スクリプト 🔊199 たった今、メールをお送りしたところです。

8 正解 b スクリプト 🔊200 メールの返信を忘れるところでした。

9 正解 b スクリプト 🔊201 思わず大声を上げそうになっちゃった。

16. 複雑な言い方

1	正解	a	スクリプト	🔊202	できないこともないね。
2	正解	b	スクリプト	🔊203	見ずにはいられなくて……。
3	正解	a	スクリプト	🔊204	認めざるをえないな。
4	正解	a	スクリプト	🔊205	彼が来ないはずがない。
5	正解	a	スクリプト	🔊206	やってみないことには……。
6	正解	a	スクリプト	🔊207	あの人が林さんに違いないよ。
7	正解	b	スクリプト	🔊208	スキーが上手なわけがない。
8	正解	b	スクリプト	🔊209	時間があるというわけでもない。
9	正解	b	スクリプト	🔊210	無視するわけにはいかない。
10	正解	a	スクリプト	🔊211	調べてからでないとね。
11	正解	a	スクリプト	🔊212	スマホさえあれば、申し込める。
12	正解	a	スクリプト	🔊213	早く行かないと、もらえないよ。